Ein Bestseller entsteht:
Das Matthäus-Evangelium

Norbert Scholl

Ein Bestseller entsteht:

Das Matthäus-Evangelium

Verlag Friedrich Pustet
Regensburg

Die Deutsche Bibliothek – CIP-Einheitsaufnahme

Scholl, Norbert:
Ein Bestseller entsteht : Das Matthäus-Evangelium /
Norbert Scholl. – Regensburg : Pustet, 1998
ISBN 3-7917-1618-2

ISBN 3-7917-1618-2

Umschlaggestaltung: Martin Veicht. form fünf, Regensburg
Druck und Bindung: Friedrich Pustet, Regensburg
Printed in Germany 1998

Ich habe meine Phantasie spielen lassen und mir vorgestellt, wie das Matthäusevangelium entstanden sein könnte. Könnte!

Aber ich habe mich auch bemüht, in mein Phantasiespiel die gesicherten Ergebnisse der neueren Exegese einfließen zu lassen. Für jene, die das nachprüfen wollen, nenne ich im Anhang die Belege und gebe weiterführende Hinweise.

Das „Buch der Geschichte Jesu Christi, des Davidssohnes, des Abrahamssohnes" – so sein offizieller Titel! – war nicht das einsame Werk eines einzelnen. Die überlieferte These, das Evangelium sei vom Zöllner Matthäus verfaßt, den Jesus in den Kreis der Zwölf berief, kann heute nicht mehr aufrecht erhalten werden. Der Verfasser war kein Augenzeuge des Jesusgeschehens. Aber er war ein von der Sache Jesu Betroffener und Begeisterter, der sich daran machte, für seine Gemeinde die Jesusgeschichte neu zu erzählen. Es gab zu seiner Zeit schon das Markusevangelium. Darauf konnte er zurückgreifen. Aber diese Schrift genügte ihm (und seiner Gemeinde) offenbar nicht. Es fehlten darin vor allem die Reden Jesu, die Matthäus (oder ein Mitglied seiner Gemeinde) in einer anderen Quelle entdeckt hatte. Und es kursierten noch einige Geschichten über Episoden aus dem Leben Jesu und seiner Familie in der Gemeinde.

Aber vor allem gab es eine wichtige Quelle, aus der auch Jesus geschöpft und die er sicher gut gekannt hatte: die Heilige Schrift, also in etwa unser heutiges Erstes bzw. Altes Testament.

Matthäus sammelte all diese Quellen, studierte sie gründlich, nahm an ihnen Kürzungen und Erweiterungen, Veränderungen und Auslassungen vor. Und er scheute sich auch nicht, manches umzuschreiben oder hinzuzudichten, von dem er meinte, daß es so geschehen sein könnte.

Er wollte ein Evangelium für alle schreiben: für solche Mitglieder seiner Gemeinde, die früher Juden gewesen, und für solche, die aus dem Griechentum zum christlichen Glauben gekommen waren. Das war nicht einfach. Denn die einen kannten das „Alte

Testament", die anderen hatten keine Ahnung davon. Die einen sollten erkennen, daß Jesus der in ihren Heiligen Schriften angekündigte und sehnlich erwartete Messias ist. Die anderen sollten zu der Überzeugung gelangen, daß in Wort und Tat des gekreuzigten Jesus von Nazaret ihre Sehnsucht nach spürbarer Nähe des unbekannten und rätselhaften Gottes zum Ereignis geworden ist.

Bestimmt hat sich Matthäus beraten lassen. Höchstwahrscheinlich hat er manche Kritik einstecken müssen. Sicher hat er auch viel Lob für seine Schrift geerntet.

So entstand ein Werk – sein *Werk! –, das sehr schnell in der jungen Kirche Anerkennung und Verbreitung fand und das schließlich in die Sammlung der Heiligen Schriften der Christenheit – in das „Neue" oder „Zweite Testament" – aufgenommen wurde.*

Matthäus schuf einen Bestseller!

I.

Antiochia, um das Jahr 90 n. Chr.[1] Die Stadt mit ihren mehr als 100.000 Einwohnern lag rund 30 Kilometer von der Küste des Mittelmeers entfernt in einer von Bergen umgebenen Ebene am Orontes.[2] Ausgangs- und Knotenpunkt wichtiger Handelswege, war die Stadt wirtschaftlicher, administrativer und kultureller Mittelpunkt eines weiten, fruchtbaren Hinterlandes. Viele Handwerker und Händler sowie eine neue Schicht von risikofreudigen Unternehmern, Fernhändlern und Manufakturbesitzern hatte sich hier niedergelassen.

Antiochia war Hauptstadt der römischen Provinz Syria und Residenz des römischen Statthalters. Amtsträger und Verwaltungsbeamte, Offiziere und Priester bildeten eine großgrundbesitzende politische Führungsschicht.

Künstler, Gelehrte, Schiffskapitäne, Kaufleute, Kameltreiber, Prostituierte, Matrosen, Soldaten und Sklaven füllten die lebhaften Straßen. Man sprach griechisch, phönizisch, persisch, aramäisch und lateinisch.

Viele römische Beamte, reiche Kaufleute, Honoratioren und Pensionäre, die eher die Ruhe liebten, wohnten in Daphni, einer 8 Kilometer entfernten Villensiedlung im Südwesten der Stadt an den mit Lorbeer- und Eukalyptusbäumen, mit Zypressen und Eichen bewachsenen Abhängen des Gebirges.

Von ihrem Haus an dem zur Stadt geneigten Nordhang der Kasiosberge hatten Matthäus und seine Frau Pnina einen wundervollen Blick auf die Stadt mit ihren herrlichen Tempeln[3] und luxuriösen, mit Stuckarbeiten, Wandgemälden, Mosaiken und Marmorverkleidungen aufwendig ausgestatteten Bädern. Von den Römern erbaute Paläste, das am Forum erbaute „Kaisareion“ – ein „Königsbau“ mit dem Standbild Julius Caesars und dem der

Schicksalsgöttin Tyche –, das wiederhergestellte Pantheon und das Amphitheater am Fuß des Silpius – all dies prägte das Stadtbild ebenso wie die mächtigen Aquaedukte, die an den Berghängen am südlichen Stadtrand entlangführten. Hoch darüber auf dem Berg thronte eine mächtige Zitadelle.

Eine von imposanten Kolonnaden gesäumte, rund 1500 Meter lange Hauptverkehrsader durchzog die Stadt von Ost nach West am Südufer des Orontes entlang. Der am nördlichen Flußufer erbaute Circus war der größte im gesamten römischen Imperium. Zahlreiche prunkvolle Brunnenanlagen und Statuen schmückten Straßen und Plätze. Die Straßen der Stadt waren gepflastert und nachts mit Lampen hell erleuchtet. Das gab es in keiner anderen Stadt des Reiches.

Matthäus hätte sich als Kaufmann keine bessere Stadt für eine Niederlassung wünschen können. Über den Fluß hatte er Zugang zum Hafen von Seleukia, wichtige Karawanenstraßen verbanden die Stadt mit Damaskus im Süden und den kleinasiatischen Handelszentren im Norden. Matthäus war ein wohlhabender Mann.[4] Er betrieb einen einträglichen Handel mit Textilien. Seine Zulieferer waren die in der Ebene von Antiochia wohnenden Bauern, aber selbst in Aleppo, etwa 50 Meilen[5] östlich der Stadt, lebte ein Schaf- und Ziegenzüchter, der zu seinen Lieferanten zählte.

Die meisten von ihnen brachten ihre Produkte nicht direkt in die Großstadt, sondern lieferten sie auf zentral gelegene ländliche Märkte.[6] Dort wurden sie von Zwischenhändlern aufgekauft, die sie wiederum auf dem Markt von Antiochia anboten oder sie an andere Händler verkauften. Die vertrieben sie vom Hafen Seleukia aus ins ganze römische Imperium. Antiochia selbst besaß eine größere Anzahl von Werkstätten und Manufakturen, in denen die Rohstoffe verarbeitet wurden. Erst unlängst war es Matthäus gelungen, eine größere Menge ungebleichter Gewänder nach Rom zu liefern.[7] Die Preise waren relativ hoch. Selbst billigste Ware kostete 7½ mal so viel wie Getreide.

Pnina und Matthäus genossen die kühle Abendluft auf dem Dach ihres Hauses. Versonnen blickten sie auf die abendliche Stadt. Die bleierne, jedes Geräusch erstickende Stille in den Stunden der Mittagszeit war einem regen Treiben in den Straßen gewichen. Das Gefeilsche der Händler, das schrille Lachen und das kreischende Rufen der Kinder, die heiseren Schreie der Esel und der dumpfe Lärm des Großstadtbetriebs vermischten sich zu einer eigenartigen, für alle Städte des Orients typischen Symphonie, an die sich der Fremde zunächst nur schwer zu gewöhnen vermag, die er aber, wenn er erst einmal längere Zeit dort gelebt hat, als keineswegs störend, sondern eher als wohltuend empfindet. Die erhabene Ruhe und das geschäftige Gewimmel in den Gassen, das wundervolle Schweigen der Umgebung und das unablässige Brummen und Dröhnen im engen Häusergewirr standen in einem seltsamen Kontrast. Und doch paßte beides gut zueinander und ergänzte sich auf durchaus harmonische Weise. Eine Welt versöhnter Gegensätze. Ein Ort von dissonantem Wohlklang.

Matthäus und seine Frau schwiegen. Beide dachten sie über das Gespräch mit ihren Gästen nach, das so anders verlaufen war, als sie es erwartet hatten.

II.

Mit einem problemlosen und unkomplizierten Gespräch hatte Matthäus auch nicht gerechnet, als er den Synagogenvorsteher der großen und wohlhabenden jüdischen Gemeinde und einen einflußreichen und bekannten jüdischen Arzt zu sich in sein Haus einlud. Schließlich war das Verhältnis zwischen Juden und Christen erheblich belastet, seit Titus und seine römischen Kohorten vor über 20 Jahren den Tempel in Jerusalem zerstört und geplündert hatten. Und auch schon zuvor war es zu Spannungen gekommen.

Die Juden nahmen es den in Judäa lebenden Christen bitter übel, daß sie sich nicht an der Rebellion gegen die römische Besatzungsmacht beteiligten. Und das, obwohl selbst patriotisch gesinnte Juden vor diesem Abenteuer gewarnt hatten. Es erschien vielen als völlig unsinnig, gegen die Römer Krieg führen und ihn gar noch gewinnen zu wollen. Der Übermacht der Besatzer konnten auch die tapfersten jüdischen Widerstandskämpfer nichts entgegensetzen. Was einmal den Juden unter den Makkabäern gegen die griechischen Okkupanten geglückt war, ließ sich gegen die Römer nicht wiederholen.

Aber die galiläischen Rebellen, die Zeloten, hatten die Warnungen in den Wind geschlagen. Wie in früheren Jahren hatten sie die Revolte im Norden des Landes begonnen und sich durch Überfälle auf römische Patrouillen und Wachtposten oder heimlich über Mittelsmänner eine Menge Waffen besorgt und das Volk aufgehetzt.

Die Christen waren dem Aufstand ferngeblieben. Warum, wußte Matthäus nicht genau. Vielleicht, weil sie von vornherein die Aussichtslosigkeit des ganzen Unternehmens einsahen. Vielleicht auch, weil sie nicht mehr so recht motiviert waren, für ein Bauwerk zu kämpfen, dessen Sinn und Zweck ihnen mehr und mehr fraglich erschien. Vielleicht, weil sie sich an ein Wort Jesu erinnerten, das er gesagt haben soll, als ihn die römischen Ordnungshüter gefangen nahmen: „Alle, die zum Schwert greifen, werden durch das Schwert umkommen" *(Mt 26,52)*. Vielleicht aber auch, weil sie die baldige Rückkehr des auferweckten Jesus erwarteten.

Matthäus hatte sich trotz alledem entschlossen, seine jüdischen Mitbürger einzuladen. Es durfte nicht zu einer völligen Entfremdung oder gar zum Bruch mit den Juden kommen. Schließlich hatten sie und die Christen das gleiche heilige Buch als Grundlage ihres Glaubens. Schließlich war Jesus selbst ein Jude gewesen und hatte es immer sein wollen. Und schließlich gab es auch unter den Juden einige, die zwar von der Auferweckung dieses Jesus nichts wissen wollten, die ihn aber dennoch für einen frommen, gerechten Menschen hielten und in manchen seiner Worte eine wirkliche Gottesbotschaft sahen. Gewiß, andere hielten ihn für einen Zauberer. Manche meinten gar, er sei bei aller Frömmigkeit und Gottverbundenheit eben doch ein Demagoge gewesen.

Matthäus hatte sich viel vorgenommen: Er wollte mit seinen jüdischen Gästen darüber ins Gespräch kommen, ob Jesus nicht der in den heiligen Schriften von den Propheten angekündigte Messias und Retter Israels sein könne.

Von seinen Mitchristen hatte er niemanden eingeladen. Es sollte nicht wie eine offizielle Begegnung aussehen. Das Ganze sollte eher einen privaten Charakter haben. Nur seine Frau hatte er gebeten, dabeizubleiben. Augenzwinkernd hatte sie an das Wort des Rabbi Jose ben Jochanan erinnert: „Jeder, der viel mit der Frau spricht, zieht sich Unheil zu, vernachlässigt die Worte der Tora und erbt am Ende die Hölle"[8], war aber bereit, an dem Gespräch teilzunehmen.

Die beiden Gäste kamen pünktlich: Salmon, der Synagogenvorsteher, und Ethan, der Arzt. Pnina reichte heißen Tee und süßes Gebäck, und nach den üblichen Erkundigungen über das gegenseitige Wohlergehen und den Gang der Geschäfte lenkte Matthäus bedächtig das Gespräch auf sein eigentliches Anliegen hin, indem er von seiner Begegnung mit den Christen erzählte.

Vor etwa zehn Jahren war er aus geschäftlichen Gründen von Korinth nach Antiochia gekommen. In Korinth hatte er bereits von einer neuen Sekte gehört, die sich nach einem von den Römern hingerichteten Juden nennt. Er hatte aber nicht viel mehr darüber erfahren, als daß diese Leute bewundernswerte soziale Aktivitäten entfalteten, indem sie sich vor allem um die unteren Gesellschaftsschichten kümmerten, und daß sie am Abend des Sabbat regelmäßig zum gemeinsamen Essen und Trinken zusammenkamen.

In Antiochia lernte er Pnina, seine jüdische Frau, kennen, die bereits Christin geworden war. Sie brachte ihn mit den Mitgliedern der christlichen Gemeinde zusammen, wo er mehr über den Rabbi aus Nazaret erfuhr. Und Matthäus nutzte bald jede Gelegenheit, sich mit den Lehren dieses Mannes vertraut zu machen.

Da in den Gottesdiensten immer wieder aus den heiligen jüdischen Schriften gelesen wurde, besorgte Matthäus sich eine griechische Übersetzung des Tanach.[9] Darin, so erklärte er seinen Gästen, habe er etliche Stellen entdeckt, die sich auf Jesus von Nazaret beziehen könnten. Darüber wolle er ihre Meinung hören.

Der Synagogenvorsteher und der Arzt schwiegen höflich, obwohl dieses Ansinnen sie völlig überraschte. Auf einen Glaubensdisput waren sie nicht vorbereitet.

Matthäus ignorierte die Verblüffung seiner Gäste und nahm den vergilbten Text zur Hand. „Eine Stelle hat mich besonders beeindruckt: 'Sieh da, mein Knecht, an dem ich festhalte, mein Erwählter, an dem meine Seele Wohlgefallen hat. Ich habe meinen Geist auf ihn gelegt, daß er die Wahrheit unter die Völker hinaustrage. Er wird nicht schreien noch rufen, noch seine Stimme hören lassen auf der Gasse. Geknicktes Rohr wird er nicht zerbrechen und glimmenden Docht nicht auslöschen; in Treuen trägt er die Wahrheit hinaus. Er selbst erlischt nicht und bricht nicht zusammen, bis daß er auf Erden die Wahrheit begründet und seiner Weisung die fernsten Gestade harren'" *(Jes 42,1-4)*.

Und etwas leiser fügte er hinzu: „Ich bin der festen Überzeugung, liebe Freunde, daß hier von Jesus die Rede ist."

Aufmerksam, wenn auch etwas widerwillig, hatten seine beiden Gäste zugehört. Matthäus legte die Schrift auf den Tisch in der Mitte des Raumes. Erwartungsvoll schaute er auf Salmon und Ethan. Eine Weile herrschte Stille im Raum.

Zögernd durchbrach Ethan das Schweigen: „Matthäus, ich bewundere dein Interesse, das du als Grieche an unserem Tanach zeigst. Aber wie kommst du darauf, daß an der Stelle, die du uns vorgelesen hast, dieser Jesus gemeint sein könnte? Ich habe von meinem Rabbi gelernt, daß hier vom Volk Israel die Rede ist. Israel ist der Knecht, der von Gott erwählt wurde, um die Wahrheit unter die Völker zu bringen."

Matthäus nahm sich Zeit für seine Antwort. „Weißt du, Ethan, seit ich von diesem Jesus gehört habe, geht mir deine Frage ständig im Kopf herum. Seit langem wartet Israel auf den Messias. Immer wieder wird in den Schriften davon gesprochen. Er soll die Gottesherrschaft in Israel aufrichten. Er soll die Feinde aus dem Land treiben. Er soll Gerechtigkeit, Frieden und Freiheit wiederherstellen. Aber bisher war das alles nur ein schöner Traum. Manchmal glaubte das Volk, jetzt sei der Messias gekommen. Aber dann wurde es wieder enttäuscht. Es mußte weiter warten. Bis dieser Jesus kam und..."

„Halt, halt," unterbrach ihn Salmon, „du hast doch gerade selbst gesagt, daß die vom Volk bisher erwarteten Messiase sich als Täuschungen erwiesen, weil sich nichts geändert hat. Hat sich denn mit Jesus etwas geändert? Sind die Römer weg? Ist das Land frei? Das krasse Gegenteil ist der Fall! Man weiß, was die Römer mit deinem Messias Jesus gemacht haben. Und von wegen Israel befreien! Jesus hat es gar nicht riskiert, etwas gegen die Römer zu unternehmen. Selbst als Judas ihn mit einem Trick dazu bringen wollte, hat er kläglich versagt und sich widerstandslos gefangennehmen lassen. So habe ich es jedenfalls von einigen meiner Freunde gehört, die Christen sind."

„Jesus selbst hat allerdings nie behauptet, daß er der Messias oder der Sohn Gottes sei," wandte Matthäus ein. „Das wäre auch höchst unklug gewesen. Wenn er das getan hätte, hätten ihn die Römer gleich beseitigt."

„Haben sie doch sowieso. Es gibt zwar Christen, die wollen alle Schuld am Tod Jesu den Juden in die Schuhe schieben..."

„Das tun sie nur, weil sie sich Liebkind bei den Römern machen wollen..."

„...und weil manche, die selber früher Juden waren, jetzt einen wilden Haß auf ihre früheren Stammesgenossen haben. Kein Jude hätte Jesus wegen seiner Lehren verfolgt. Und schon gar nicht getötet. Jesus war Jude bis zu seinem letzten Atemzug."

„Also, wie dem auch sei," meinte Ethan, „wenn Jesus wirklich der Messias gewesen wäre, dann hätte er nicht so kläglich enden dürfen. Es ist doch nirgends im Tanach die Rede von einem Messias, der wie dieser Jesus leiden muß und gar schmählich am Kreuz hingerichtet wird."

„Selbst die von Jesus ausgewählten Zwölf haben nach der Kreuzigung nicht mehr an ihn geglaubt. Jedenfalls haben sie sich schleunigst wieder dorthin zurückgezogen, wo sie hergekommen sind – nach Galiläa. Und sie machten wieder das, was sie vorher gemacht hatten: fischen." Salmon sah Matthäus herausfordernd an.

„Ich glaube daran, daß Jesus von Gott auferweckt worden ist!" Es klang wie eine Trotzreaktion.

„Das ist deine Sache. Aber von mir darfst du das nicht auch verlangen. Ich kenne die Geschichte mit der Auferweckung Jesu sehr wohl. Einige haben behauptet, er sei ihnen 'erschienen'. Aber keiner hat verraten, was sie dabei gesehen haben. Und weil nichts Genaues über das zu erfahren war, was bei diesen 'Erscheinungen' oder 'Visionen' oder 'Erlebnissen' oder wie man das sonst nennen will, passiert ist, haben einige phantasiebegabte Leute allerlei Geschichten erfunden, in denen erzählt wird, wie der angeblich auferstandene Jesus zu verschlossenen Türen hereinkommt, wie er auf dem See herumspaziert, wie er sich als Gärtner verkleidet und die Frauen erschreckt, die zum Grab kommen. Und von diesem Grab wollen sogar einige wissen, daß es leer gewesen sei. Wahrscheinlich haben die Jünger heimlich den Leichnam Jesu gestohlen und woanders beerdigt. Und dann führten sie das leere Grab als angeblichen Beweis vor, daß Jesus auferstanden sei und zur Rechten des Hochgelobten sitze. Das soll glauben, wer will."

Ethan versuchte, den Synagogenvorsteher zu beruhigen: „Ich will euch eine Geschichte erzählen, die erst jüngst in Jerusalem passiert ist. Da hat man nämlich auf jüdischen Kalksteinsärgen die Namen Jesu und seiner Familie entdeckt. Die meisten Namen auf den Särgen sind in Griechisch geschrieben. Aber fünf Namen enthalten hebräische Buchstaben: Josef – Maria – Matthäus – Jesus, Sohn des Josef – Judas, Sohn des Jesus, dazu noch als sechster Name auf Griechisch ein zweites Mal Maria.[10] Da ist doch alles klar. Das ist die Grabstätte Jesu, seiner Eltern, seiner Frau oder Geliebten Maria von Magdala und seines Sohnes Judas." Und mit einem etwas spöttisch herausfordernden Blick auf Matthäus fügte er noch hinzu: „Wie ein Matthäus dorthin kommt, ist mir freilich rätselhaft."

„Ist doch klar: Weil alle Leute mit dem Namen Matthäus an die Seite Jesu gehören. Aber im Ernst: Von diesen Särgen habe ich auch gehört. Was beweisen sie schon? Es handelt sich aller Wahrscheinlichkeit nach um die Grabstätte irgendeiner jüdischen Familie. Maria ist schließlich der mit Abstand häufigste jüdische Frauen-, Josef – nach Simon – der zweithäufigste Männername, und auch Jesus gehört zu den gebräuchlichsten Namen. Wenn ich richtig informiert bin, gibt es sogar noch weitere Verzeichnisse mit dem Namen 'Jesus, Sohn des Josef'. Darüber hinaus ist es doch wohl höchst unwahrscheinlich, daß die Eltern Jesu nach dem Tod ihres Sohnes von Nazaret nach Jerusalem übergesiedelt und dort auch gestorben sind. Oder, falls sie in Nazaret geblieben wären, daß ihre Leichname von dort nach Jerusalem überführt wurden.“

„Matthäus ist nicht zu schlagen,“ schmunzelte Ethan. „Aber wie dem auch sei, Matthäus, du wirst selbst zugeben müssen: Die Sache mit der Auferweckung Jesu steht auf ziemlich tönernen Füßen. Ihr sagt doch selbst, daß Jesus tot war und daß er nicht ins irdische Leben zurückgekehrt ist. Ihr gesteht selber ein, daß man den angeblich Auferweckten nur im Glauben erfahren konnte. Ihr gebt selbst zu, daß die Auferweckung Jesu und die Erscheinungen des Auferweckten keine Ereignisse waren, die von jedermann hätten gesehen und wahrgenommen werden können. Das einzige, was wir mit Sicherheit wissen, da wirst du mir zustimmen, ist allein die Tatsache, daß einige wenige Menschen, die Jesus zu Lebzeiten gekannt hatten und ihm, wie ihr sagt, nachgefolgt waren, fest davon überzeugt waren, er sei ihnen erschienen. Vermutlich hat es sich dabei um höchst subjektive Erlebnisse nach Art von Visionen oder Erleuchtungen gehandelt, die mitbedingt waren durch die lebendige, nicht erlöschende Erinnerung an Jesus und durch die Hoffnung, daß er bald auf den Wolken des Himmels wiederkommen werde, um Gericht zu halten.“

Matthäus schwieg. Was sollte er darauf entgegnen? Die Katastrophe des Kreuzestodes belastete auch seinen Glauben. Das mußte er sich ehrlich eingestehen...

Als Matthäus sich jetzt auf dem Dach seines Hauses das Gespräch wieder durch den Kopf gehen ließ, fiel ihm erst auf, wie gründlich Salmon und Ethan über Jesus und über die Christen Bescheid wußten. „Weißt du, Pnina, ich war selbst überrascht, wie sehr wir in Verlegenheit geraten, wenn wir unseren jüdischen Freunden erklären wollen, daß Jesus von den Toten erweckt wurde. Ich sollte mir vielleicht einmal alle jene Stellen aus dem

Tanach aufschreiben, die von Jesus sprechen.[11] Nicht nur als Argumentationshilfe für weitere Gespräche mit unseren jüdischen Nachbarn und Freunden, sondern auch, um selber mehr Klarheit zu gewinnen."

III.

Als Pnina am nächsten Morgen erwachte, saß Matthäus schon an seinem Schreibpult. Neben ihm auf dem Fußboden lag eine Abschrift des Evangeliums nach Markus.

„Nanu, so fleißig am frühen Morgen?“

„Ich habe ziemlich unruhig geschlafen. Mir ist die Sache mit den Schriftzitaten dauernd im Kopf herumgegangen. Ein paar sind mir im Halbschlaf eingefallen. Die wollte ich gleich aufschreiben, damit ich sie nicht vergesse.“

„Und was hast du gefunden?“

„Eine ganze Menge. Zum Beispiel könnte doch zu der Erzählung von den Krankenheilungen am Abend, wie sie bei Markus steht *(Mk 1,32-34),* ganz gut ein Wort aus Jesaja passen, das dort über den Gottesknecht gesagt ist: ‘Er hat unsere Gebrechen auf sich genommen und unsere Krankheiten getragen’ *(Jes 53,4; vgl. Mt 8,17).* Zu der Geschichte vom Mahl mit den Zöllnern und Sündern, über das sich die Pharisäer aufregen *(Mk 2,13-17)*, paßt gut der Vers aus dem Propheten Hosea: ‘Barmherzigkeit will ich, nicht Opfer’ *(Hos 6,6; vgl. Mt 9,12).* Und die Schilderung des Eindrucks, den Jesus mit seinem wunderbaren Wirken auf das Volk macht *(Mk 3,7-12)*, erinnert mich wieder an ein Wort aus Jesaja: ‘Seht, das ist mein Knecht, den ich stütze; das ist mein Erwählter, an ihm finde ich Gefallen. Ich habe meinen Geist auf ihn gelegt, er bringt den Völkern das Recht...“

„...Er schreit nicht und lärmt nicht,“ zitierte Pnina weiter, „und läßt seine Stimme nicht auf der Straße erschallen. Das geknickte Rohr zerbricht er nicht, und den glimmenden Docht löscht er nicht aus; ja, er bringt wirklich das Recht. Er wird nicht müde und bricht nicht zusammen, bis er auf der Erde das Recht begründet hat“ *(Jes 42,1-4; vgl. Mt 12,18-21).*

„Bravo," klatschte Matthäus, „ich hätte gar nicht gedacht, daß eine jüdische Frau sich so gut im Tanach auskennt."

„Na ja, so gut ist meine Schriftkenntnis auch wieder nicht," beschwichtigte Pnina, „aber die Gottesknechtslieder kann ich auswendig.[12] Die haben mich schon als Kind fasziniert. Und erst recht, als ich von Jesus gehört habe. Als ob der Dichter damals von ihm gewußt hätte: '...ich hielt meinen Rücken denen hin, die mich schlugen, und denen, die mir den Bart ausrissen, meine Wangen. Mein Gesicht verbarg ich nicht vor Schmähungen und Speichel' *(Jes 50,6; vgl. Mt 26,67 f.)*; '...er wurde mißhandelt und niedergedrückt, aber er tat seinen Mund nicht auf – wie ein Lamm, das man zum Schlachten führt' *(Jes 53,7; vgl. Apg 8,32 f.)*."

„Gut, gut, Pnina," unterbrach Matthäus, „deine jüdische Herkunft wird mir sicher viel helfen. Ich glaube, unsere jüdischen Freunde könnten sehr nachdenklich gestimmt werden, wenn sie sehen, wie oft im Tanach von dem die Rede ist, was Jesus getan und gesagt hat."

„So siehst du das heute. Aber die Schriftsteller damals haben sicher nicht Jesus vor Augen gehabt. Die haben an ihren König oder an das Volk Israel oder an irgendeinen Gerechten gedacht. Die wollten nicht in die Zukunft schauen, sondern etwas für die Gegenwart sagen, für die Leute damals. Die Propheten waren keine Hellseher. Eher so etwas wie äußerst sensible Zeitkritiker. Sie verstanden es, die Situation, in der sie lebten, scharf und richtig zu analysieren und daraus ihre Schlußfolgerungen zu ziehen. Das hat die Leute damals gewaltig beeindruckt. Du tust ihnen eigentlich Unrecht, wenn du ihnen unterstellst, sie hätten in irgend einer Weise Voraussagen über den kommenden Messias machen wollen."

„Aber vielleicht hat Gott sie doch etwas ahnen lassen? Vielleicht meinen die Worte der Propheten hintergründig mehr, als sie vordergründig aussagen? Wissen wir das so genau? Ich werde mich jedenfalls daranmachen und Stellen aus dem Tanach sammeln, die auf Jesus passen. Vielleicht kann ich Ethan und Salmon damit überzeugen."

„Aber gut, jetzt wollen wir erst einmal in Ruhe frühstücken."

Matthäus breitete eine Matte auf dem Fußboden aus, und Pnina holte den Rest der Fladenbrote, die sie gestern für ihren Besuch frisch gebacken hatte, dazu etwas Honig, einige Früchte, einen kleinen Krug mit saurem Wein und einen großen mit Wasser zum Verdünnen.

Kaum hatten sie sich niedergelassen und ein paar Bissen zu sich genommen, kam Claudia, Pninas Freundin. Sie war es, die Pnina vor Jahren in die christliche Gemeinde eingeführt hatte. In zahllosen Gesprächen hatte sie ihr von Jesus und seinen Lehren erzählt und sie auf die Taufe vorbereitet. Seither unterhielten sie sich viel über ihren Glauben. Claudia, die gelegentlich Gottesdienste in ihrem Haus leitete, kannte die Gemeinde sehr gut und wußte immer sehr genau, welche Fragen ihre Glaubensgenossen bedrängten.

„Guten Morgen miteinander, entschuldigt die Störung so früh am Tage!" Herzlich begrüßte sie Pnina und Matthäus. Sie erblickte die Schriftrolle. „Störe ich etwa bei der Arbeit?"

„Nein, du bist immer willkommen. Setz dich zu uns und erzähl, was los ist."

„Wir hatten gestern Besuch. Eine gute Bekannte von mir aus Damaskus war da, Eusebia. Sie erzählte uns von einer Biographie des Kaisers Augustus, die ein gewisser Nikolaus Damascenus vor einigen Jahren in Jerusalem verfaßt hat.[13] Sie sagte, das Büchlein lese sich wie eine der Schriften, die wir in unseren Gottesdiensten verwenden. Da sei von einem Wunderkind die Rede, von den Versuchungen, die der junge Mann bestanden habe, von dem Versöhnungswerk seines vergöttlichten Stiefvaters Caesar und von dem Gericht, das Augustus, der Sohn des Ermordeten, in dessen Namen über die undankbare Welt gebracht habe. Besonders eindrucksvoll werde die Ermordung Caesars geschildert: 'Da blieb kein Auge trocken, wenn es ihn sah, der zuvor einem Gotte gleich geehrt worden war'.

Eusebia wußte auch vom Sekretär des Kaisers Augustus, daß wenige Monate vor dessen Geburt sich in Rom in aller Öffentlichkeit ein Wunderzeichen zugetragen habe. Dieses Zeichen deute darauf hin, daß dem römischen Volk auf wunderbare Weise alsbald ein König geschenkt werde. Darauf habe der bestürzte Senat beschlossen, kein in jenem Jahr geborenes Kind dürfe aufgezogen werden; jedoch hätten diejenigen Senatoren, deren Frauen schwanger waren, ein jeder in der Hoffnung, die Verheißung auf sich beziehen zu können, die Hinterlegung des Senatsbeschlusses zu hintertreiben gewußt. Im Hinblick auf die Geburt des Augustus würden sogar Gerüchte umgehen, die besagen, Atia, die Mutter des Augustus, sei um Mitternacht zu einem feierlichen Gottesdienst für Apollon in den Tempel gekommen und auf einer dort aufgestellten Sänfte eingeschlafen. Plötzlich sei eine Schlange zu ihr hereingekrochen und wenig später wieder verschwunden; sie habe sich erhoben und sich wie nach einem Beilager mit ihrem Gatten gereinigt; dabei habe sich sogleich an ihrem Leib ein Fleck ähnlich einer gemalten Schlange gezeigt und sich nicht mehr beseitigen lassen, so daß sie seitdem für immer auf öffentliche Bäder verzichten mußte. Zehn Monate später sei Augustus geboren und deswegen für einen Sohn Apollons gehalten worden.“[14]

Matthäus hatte aufmerksam zugehört. „Eine interessante Geschichte. Aber ich verstehe noch nicht ganz, worauf du hinauswillst.“

„Mein Mann und ich haben uns mit Eusebia über Jesus unterhalten. Sie ist nämlich auch Christin. Sie meinte, es sei doch eigentlich traurig, daß von Jesus gar nichts über seine Geburt und seine Kindheit bekannt ist. Ihr sei nur die trockene und wenig anschauliche Glaubensformel geläufig, wie sie Paulus verwendet habe: '...dem Fleisch nach geboren als Nachkomme Davids, dem

Geist der Heiligkeit nach eingesetzt als Sohn Gottes in Macht seit der Auferstehung von den Toten' *(Röm 1,3 f.)*. Und im Markus-Evangelium, aus dem wir beim Gottesdienst lesen, steht überhaupt nichts über die Herkunft Jesu. Das fängt gleich mit seinem öffentlichen Auftreten an."

„Ich glaube, Claudia und Eusebia sprechen da ein wichtiges Problem an," meldete sich Pnina zu Wort. „Auch von den großen Männern des Judentums wird manches aus ihrer Kindheit erzählt, etwa von Mose, der in einem Binsenkörbchen den Nachstellungen des Pharao entgeht und sogar am Hof aufgezogen wird. Das ist zwar sicher nur eine schöne Legende. Aber sie sagt doch viel aus über das spätere Lebensschicksal und über die Bedeutung des Mose..."

„Ja, ja, ihr Orientalen könnt abstrakte Wahrheiten und theologische Aussagen wunderbar in anschauliche Erzählungen verpacken. Jesus hat das auch glänzend verstanden mit seinen Gleichnissen," gab Claudia neidlos zu. „Da haben wir Römer unsere Probleme. Wir setzen das immer gleich in Paragraphen, um es angeblich möglichst klar zu machen. Aber darunter kann sich dann niemand etwas vorstellen. – Weshalb ich eigentlich gekommen bin, Matthäus: Du verstehst dich doch aufs Schreiben. Pnina hat mir vor ein paar Tagen erzählt, daß du schon sehr viel Material über Jesus und seine Lehren gesammelt hast. Glaubst du, es wäre möglich, eine Geschichte über Jesu Kindheit zu schreiben? Ich weiß, daß die Frage nach seiner Herkunft viele Leute in der Gemeinde interessiert. Wenn man sich für den erwachsenen Jesus interessiert, möchte man eben auch etwas über seine Kindheit erfahren."

„Die Idee finde ich wirklich sehr gut, Claudia. Das Problem ist nur, daß wir alle zusammen nichts über die Kindheit Jesu wissen. Wir kennen die Namen seiner Mutter und seines Vaters, Maria und Josef. Auch die Namen seiner Brüder sind uns bekannt: Jakobus, Joses, Judas und Simon, leider nicht die seiner Schwestern *(vgl. Mk 6,3)*. Und wir wissen auch noch, daß er aus Nazaret in

Galiläa stammt. Das ist alles. Wir können doch nicht einfach anfangen, selbst Geschichten über ihn zu erfinden!"

„Was heißt hier 'erfinden'?" beschwichtigte ihn Pnina. „Du weißt doch auch, daß die Geschichte von der Geburt des Mose an manchen Stellen fast wörtlich mit einer anderen über die Geburt von Sargon, dem ersten semitischen König von Babylon[15], übereinstimmt. Und übrigens wird auch von diesem Sargon gesagt, daß er auf wunderbare Weise gezeugt und geboren wurde. Er habe 'seinen Vater nicht gekannt', heißt es."[16]

„Und das soll ich dann auch über Jesus schreiben?"

„Matthäus, du weißt doch so gut wie ich, daß es im hebräischen Schrifttum verschiedene Methoden der Schriftauslegung gibt. Eine davon ist der halachische Midrasch.[17] Er hat die Aufgabe, den im Gesetz niedergelegten Gotteswillen zu erforschen und daraus Wege und Verhaltensregeln für den Alltag abzuleiten. Und damit jeder sie richtig verstehen kann, werden dabei keine Paragraphen aneinandergereiht, sondern Geschichten erzählt. Kein Mensch glaubt, daß alles wirklich so passiert ist. Aber jeder findet sich irgendwie darin wieder und entdeckt, was für ihn zutrifft, wie er in seiner konkreten Situation das betreffende Schriftwort verstehen kann und wie er danach handeln soll."

„Und so etwas, so einen 'halachischen Midrasch', soll ich auch für die Kindheit Jesu zusammenstellen?"

„Warum nicht?" fragte Pnina zurück. „Jesus ist wie Mose ein bedeutender Mann..."

„...und mit Augustus kann er es allemal aufnehmen", ergänzte Claudia. „Du könntest doch aus beiden Geschichten etwas bringen – aus der des Augustus meinetwegen seine wunderbare 'göttliche' Geburt und aus der des Mose vielleicht die Errettung von den Feinden, die ihm nachgestellt haben, der Möchte-gern-Pharao Herodes und Konsorten."

„Das sagt ihr so einfach," entgegnete Matthäus. „Und selbst wenn ich es fertig bringe: Wer garantiert mir, daß nicht irgendwelche Leute, die womöglich später diesen Text einmal in die Hand bekommen und keine Ahnung davon haben, was ein halachischer Midrasch ist, dann meinen, es sei tatsächlich alles so passiert?"

„Ach, keine Angst, da wird es schon andere geben, die gescheit genug sind, es ihnen zu erklären", erwiderte Claudia.

Pnina klopfte Matthäus auf die Schulter und fügte lächelnd hinzu: „Und übrigens: Matthäus, nimm dich nicht so wichtig. Was du da aufschreiben sollst, ist für unsere Gemeinde gedacht. Für den Gebrauch bei unseren Gottesdiensten. Und vielleicht noch für die in Damaskus. Wer soll schon sonst ein Interesse daran haben?"

Matthäus brummte etwas von „Man kann nie wissen" und „Wenn schon, denn schon". Immerhin – die Sache schien ihn gewaltig zu reizen. Ein Evangelium zu schreiben, so ähnlich wie Markus. Aber für Juden- *und* Heidenchristen, nicht nur für Heidenchristen wie Markus. Claudia und ihre römischen Freundinnen und Freunde sollten es verstehen. Griechen wie Eusebia und die Leute aus ihrer Gemeinde in Damaskus sollten etwas damit anfangen können. Und zu guter Letzt wollte er auch seine jüdischen Freunde damit überzeugen...

IV.

Während der nächsten Tage ließ sich Matthäus nicht in der Öffentlichkeit blicken. Die Sache mit dem Evangelium hatte ihn gepackt. Seine berufliche Tätigkeit beschränkte er auf das Notwendigste. Das konnte er sich als wohlhabender Kaufmann vorübergehend leisten.

Matthäus hatte sich eine Nische seines Männerraumes für seine Schreibarbeiten reserviert. Dort stand sein Schreibpult. Auf dem Boden lagen allerlei bekritzelte Papyrus- und Pergamentblätter herum. Daneben das Markusevangelium und noch ein etwas kürzerer Text, der fast ausschließlich Worte und Gleichnisse Jesu enthielt. Matthäus hatte ihn von einem Freund geschenkt bekommen. Dieses Material wollte er für „sein" Evangelium verwenden.

Für seine jüdischen Leser wollte er ganz deutlich herausstellen, daß Jesus ein Sohn Davids und der von Anfang an erwartete Messias oder – griechisch – der Christus, der Gesalbte, war. Das hatten aber die meisten Juden nicht wahrhaben wollen. Sie hatten Jesus und das, was er dem Volk sagen wollte, verkannt. Einige seiner Feinde, denen an einem guten Verhältnis zur römischen Besatzungsmacht gelegen war, hatten ihn verraten. Sie trugen zumindest Mitschuld am Kreuzestod Jesu. Manche deuteten die Zerstörung Jerusalems und des Tempels als Strafgericht Gottes. Das alles könnte er durch wiederholte Einfügung von möglichst vielen Schriftzitaten zu untermauern suchen.

Für seine griechischen Leser mußte er erklären, daß die Gemeinde der Christen etwas anderes sei als die jüdische Gemeinde. Christen müssen nicht erst Juden werden, wenn sie Jesus und seiner Lehre nachfolgen möchten. Schon von Anfang an wollte er vorsichtig und behutsam zeigen, daß auch Heiden zu Jesus gekommen sind, daß sie sogar nicht selten einen größeren Glauben besaßen als die Juden, an die sich Jesus zunächst ausschließlich gewendet habe. Es sollte klar werden, daß sich Jesus selbst schon zu Lebzeiten von den Juden distanziert hat. Das, so schien ihm, ließe sich am besten verdeutlichen, wenn er möglichst viele Worte Jesu in sein Evangelium aufnahm. Bei Markus fand er davon zu wenig. Vielleicht hatte der sie auch nicht gekannt. Glücklicherweise hatte er von einem Freund eine Textsammlung mit vielen Jesusworten erhalten. Die wollte er auf jeden Fall in den Markustext einbauen. Diese Reden enthielten auch viele Verhaltensregeln für die Gemeinde und für den einzelnen. Fast kamen sie ihm vor wie eine neue Tora, wie ja überhaupt Jesus so etwas wie ein neuer Gesetzgeber Israels, wie ein neuer Mose gewesen war.

Außerdem mußte er auch einiges über die Vorgeschichte Jesu in sein Evangelium einfügen, vielleicht sogar eine Art „Stammbaum". Das hatten ihm die Gespräche vor ein paar Tagen gezeigt. Die Leute würden das erwarten. Er wollte diesen Teil so komponieren, daß schon etwas vom späteren Lebensschicksal Jesu, von seiner Verwerfung durch das Volk der Juden, anklinge.

Pnina hatte geduldig und interessiert zugehört. „Da hast du dir ja einiges vorgenommen. Aber ich glaube, daß du wirklich etwas ganz Wichtiges planst. Ich werde mich einmal unter meinen Bekannten umhören, ob sie noch einiges zu deinem Werk beisteuern können."

Einige Wochen vergingen. Pnina und Matthäus waren ganz erfüllt von dem Gedanken, ein eigenes Evangelium für ihre Gemeinde und für ihre jüdischen Freunde zu schaffen. Sooft sie einige freie Zeit zur Verfügung hatten, diskutierten sie darüber, wie es aussehen solle. Auf jeden Fall wollten sie dem Text, der vom Reden und Tun des erwachsenen Jesus handelte, einen Abschnitt über seine Kindheit voranstellen. Es sollte eine Art Ouvertüre werden, in der die wichtigsten Themen schon anklingen.

Matthäus wollte mit einem Geschlechtsregister beginnen, wie das bei bedeutenden Persönlichkeiten der Geschichte üblich ist.

Aber wie sollte er an den wirklichen Stammbaum Jesu kommen? Er hatte keine Ahnung, ob in Nazaret noch Verwandte von ihm lebten. Und selbst wenn das der Fall wäre, könnten sie ihm sicher keine Ahnentafel präsentieren.

„Jesus gilt als Sohn Davids", sinnierte Pnina. „Und von den Vorfahren Davids gibt es zwei Geschlechtsregister, eins im ersten Buch der Chronik *(1 Chron 2,1-5)* und eins im Buch Rut *(Rut 4,8-12)*. Auch für die Zeit nach David bis zum Exil existiert eine Ahnentafel, ebenfalls im ersten Buch der Chronik *(1 Chron 3,5-16)*. Die kannst du doch verwenden."

„Das ist eine großartige Idee! Aber wo finde ich etwas über die Zeit nach dem Exil?"

Pnina zuckte die Schultern. „Das weiß ich auch nicht. Frag doch mal unsere jüdischen Freunde. Vielleicht haben die irgendwelche Register."

Während der nächsten Tage brütete Matthäus über den Stammbäumen, die ihm Pnina genannt hatte. Er wollte nicht einfach nur Namen und Geschlechterfolgen aneinanderreihen. Vielmehr sollte schon mit der Darstellung der Generationenfolge ein handgreifliches Argument geliefert werden für die entscheidende Tatsache, daß Jesus, gerade er und kein anderer, der Messias, der *eine* verheißene Erbe des Thrones Davids ist und sein muß. Matthäus wollte darum den Stammbaum Jesu mit Abraham beginnen lassen. So könnte deutlich werden, daß die mit dem Stammvater Abraham anhebende Generationenfolge der Verheißungsträger eindeutig in der Geburt Jesu ihren gottgewollten End- und Zielpunkt erreicht. Wen dieser Generationenablauf, der derart den bewußt planenden und zielstrebig handelnden Herrn der Geschichte Israels mit Händen greifen läßt, nicht zur Erkenntnis führt, daß Jesus und nur *er* der verheißene Messias ist, dem ist nicht zu helfen![18]

Bei seiner Lektüre der Stammbäume im Tanach konnte Matthäus eine interessante Beobachtung machen. Er stellte fest, daß die langen Listen von den Nachkommen Adams *(Gen 5)* und

Noachs *(Gen 10)* sowie von den Vorfahren Abrahams *(Gen 11,10-26)* nicht nur einen Namen an den anderen reihen, sondern daß die Stammbäume Noachs und Abrahams jeweils zehn Zeugungen aufzuweisen haben. Sollte das ein purer Zufall sein? Steckte da vielleicht eine bestimmte Absicht dahinter? Matthäus entdeckte, daß dieses Zahlenschema auch noch bei anderen Geschlechtsregistern anzutreffen ist. So finden sich im ersten Chronikbuch siebenmal zehn Nachkommen Judas *(1 Chron 2,3-35)* und Benjamins *(1 Chron 8,1-28)*. Er wußte, daß die Zahlen sieben und zehn nach jüdischer Vorstellung und im gesamten Vorderen Orient einen tiefen Symbolwert besitzen. Sieben ist sinnbildlicher Ausdruck für ein geschlossenes Ganzes in seiner Vollkommenheit. Die Zahl weist hin auf die göttliche Struktur irdischer Dinge und Vorgänge.[19] Zehn meint eine beträchtliche Anzahl und ist auch Symbol für eine vollendete, abgeschlossene Reihe. Manchmal bringt sie auch die Vollkommenheit göttlichen Tuns zum Ausdruck.[20]

Matthäus war fasziniert von dem Gedanken, gleich am Anfang seines Evangeliums – zumindest für Eingeweihte und Schriftkenner – mit Hilfe der Zahlensymbolik klar machen zu können, wer dieser Jesus ist. Allerdings fragte er sich, ob ihm das mit den Zahlen 7 und 10 gelingen könne. Denn die sagten nichts Spezielles über Jesus aus. Aber es gab ja auch noch andere Zahlen mit Symbolwert – drei oder zwei oder zwölf. Doch solange er auch hin und her grübelte, er kam zu keinem befriedigenden Ergebnis. Und das ärgerte ihn. Sollte sein Vorhaben schon am Versuch einer kunstvollen Konstruktion des Stammbaums Jesu scheitern? Hatte vielleicht auch Markus, der Verfasser des ersten Evangeliums, das gemerkt und die Finger davon gelassen? Sollte er also wie dieser doch lieber gleich mit dem öffentlichen Wirken Jesu beginnen? Solche Probleme schon am Anfang hätte er sich nicht träumen lassen. Kein Wunder, daß Matthäus etwas mißmutig und verdrießlich wurde.

Pnina bemerkte das selbstverständlich. „Was ist denn los mit dir? Kommst du nicht klar? Hast du ein Problem?“

„Was du nicht alles merkst,“ brummelte Matthäus unwirsch. „Du hast mir doch den Rat mit den Zahlen gegeben – zehn und sieben. Erst war ich begeistert. Aber dann habe ich gemerkt, daß diese beiden Zahlen über Jesus höchst wenig aussagen.“

Pnina schaute sich genau an, was Matthäus zusammengetragen hatte – eine Generation nach der anderen: Vater und Sohn, Vater und Sohn, und wieder Vater und Sohn... Bis zu Jakob, dem Vater von Josef. Er hatte versucht, die Geschlechterfolgen erst in Zehner-, dann in Siebenergruppen aufzuteilen, dann abwechselnd Zehner und Siebener, Siebener und Zehner. Doch es wollte und wollte nichts Richtiges dabei herauskommen. Eine erkennbare Symbolik war nicht auszumachen. Auch Pnina schien ratlos.

Doch da blitzte es plötzlich in ihren Augen: „Matthäus, ich habe eine Idee. Du weißt doch, daß es in der hebräischen Sprache keine eigenen Ziffern gibt. Diese Rolle übernehmen die Buchstaben: Aleph, der erste Buchstabe, hat den Zahlenwert eins; Beth, der zweite, den Zahlenwert zwei, und so weiter.“

Matthäus schaute etwas verdutzt: „Und was soll das?“

„Paß auf! Du willst doch zeigen, daß Jesus der Sohn Davids ist. Die Konsonanten des Namens ‘David’ [21] (d – v – d) haben den Zahlenwert 4 + 6 + 4, also zusammen 14. Du könntest doch versuchen, immer 14 Generationen zusammenzubringen. Vielleicht schaffst du es, auch noch die Drei unterzubringen. Denn Drei ist die Gotteszahl. Dreimal vierzehn Generationen – das könnte bedeuten: Gott ist in der Folge der Generationen von Abraham auf David hin und in denen nach David am Werk.“

Matthäus schaute noch immer etwas verdutzt. Allmählich dämmerte es ihm: Tatsächlich, das war die Lösung! Nicht die Zehn oder die Sieben oder die Drei sagten etwas über Jesus aus, sondern der Zahlenwert der Konsonanten des Namens „David“! Jesus sollte als Sohn Davids eingeführt werden. Mit den von Pnina vorgeschlagenen Zahlenwerten des Namens David, den er in seiner Generationenfolge gleichsam versteckte, war das tatsächlich möglich, wenn auch verschlüsselt und nicht für jeden sofort bemerkbar – schon gar nicht für Heidenchristen. Sein Ziel konnte er damit erreichen: Jesus von Anfang an als Sohn Davids einführen und vorstellen. Seine Frau hatte eine tolle Idee gehabt.

Sofort machte er sich wieder ans Werk. Er schrieb zuerst die Generationen von Abraham bis David auf. Dann folgten als zweiter Block die Geschlechter von David bis zum Babylonischen Exil. Und schließlich als dritte Gruppe jene vom Exil bis zu Josef. Manchmal mußte er allerdings etwas mogeln, um immer vierzehn Generationen in einem Block zusammenzubringen. So ließ er einfach ein paar weniger bekannte Könige weg und half sich sonst etwas mit seiner Phantasie, um bestehende Lücken in seinen Quellen aufzufüllen. So schnell würden das seine Adressaten ja wohl nicht merken. Und außerdem – aber daran konnte Matthäus nicht denken – sollten die späteren christlichen Schriftgelehrten und Bibelexperten etwas zu tun und zu forschen haben.[22]

V.

In den nächsten Wochen arbeitete Matthäus weiter an „seinem“ Evangelium. Mit dem Stammbaum hatte er die davidische Herkunft Jesu aufgezeigt. Das erschien ihm besonders im Hinblick auf seine jüdischen Adressaten wichtig. Seinen nicht-jüdischen Hörern und Lesern mußte er jedoch deutlich machen, daß Jesus von Anfang an auch für sie eine Bedeutung besitzt und daß dies zumindest von einigen unter ihnen gleich richtig erkannt wurde. Aber wie sollte er das bewerkstelligen? Die Heiden besaßen keine messianischen Weissagungen. Zwar erwarteten sie auch so etwas Ähnliches wie einen Retter aus der Not und einen Friedensbringer. Aber den sahen sie im römischen Kaiser. So war Augustus schon als Heiland und Wohltäter der Menschheit hingestellt worden. Wie sollte er Jesus dagegen setzen? Wie sollte er seine heidnischen Leser oder Hörer dazu bringen, den von allen sehnlich erwarteten universalen Retter und Friedensbringer für alle Welt ausgerechnet in der Provinz, in Israel, und dort noch dazu in dem völlig unbekannten Nazaret zu suchen? In jenem winzigen Dorf, das in keiner einzigen jüdischen Schrift erwähnt ist? Es würde schon schwer genug sein, den jüdischen Lesern klar zu machen, daß Jesus nicht in der davidischen Königsstadt Jerusalem oder zumindest im Geburtsort Davids, in Betlehem, geboren und aufgewachsen ist.[23]

Matthäus erinnerte sich einer Reihe von Legenden, in denen die Geburt eines Herrschers oder großer Persönlichkeiten durch einen Stern angekündigt wird.[24] Und er wußte auch, daß drei Jahre nach dem Tod des Herodes[25] eine seltsame Sternkonstellation am Himmel erschienen war: Saturn, der Schutzstern Israels, und Jupiter, der Königsstern, standen im Sternbild der Fische, das den Anbruch der Endzeit anzeigt.[26] Diese Sternkonstellation müßten auch heidnische Sternkundige beobachtet haben. Solchen Leuten, die zusätzlich meist noch über allerlei geheimes Wissen verfügen, wäre am ehesten zuzutrauen, daß sie die Bedeutung eines solchen Sternbildes für die Geburt Jesu erkennen und richtig zu erklären wissen. Könnte er darum vielleicht als erste Nicht-Juden einige heidnische Gelehrte auf den Weg zu Jesus schicken? Das wäre dann gewissermaßen die geistige Elite der Heiden, die die universale Bedeutung Jesu erkannt hatten und sich darum aufmachten, ihn kennenzulernen.

Mit einem Stern wüßten auch die jüdischen Leser etwas anzufangen. Denn in ihren Schriften ist davon die Rede, daß ein Stern die Geburt des endzeitlichen Retters ankündigen wird. Er kannte die Bileam-Weissagung, nach der in ferner Zukunft ein Stern über Jakob aufgehen werde *(Num 24,17)*. Darüber hinaus hatte er von einem jüdischen Freund zwei interessante Texte aus dem „Testament der zwölf Patriarchen" erhalten. Darin war ebenfalls von einem Stern die Rede, der einen neuen Priester bzw. einen König für Israel ankündigt. Der eine stammte aus dem „Testament Levis",[27] der andere Text war im „Testament Judas" zu finden[28]. Aus beiden Texten könnte er einige Passagen gut gebrauchen und sogar zumindest sinngemäß zitieren. Denn die beiden Schriften waren, so hatte ihm sein jüdischer Freund versichert, in jüdischen Kreisen weit verbreitet. Sie brachten sehr gut ihre messianischen Hoffnungen und Erwartungen zum Ausdruck.

Er würde also unmittelbar an den Stammbaum Jesu und die Erwähnung seiner Geburt heidnische Magier aus dem Osten auftreten lassen, die einen seltsamen Stern gesehen haben. Dafür könnte er (für seine jüdischen Leser) die Bileams-Weissagung gut als Erfüllungszitat einsetzen. Die Magier würden sich auf den Weg machen, um dem neugeborenen König zu huldigen. Da sie den Geburtsort Nazaret nicht kennen, würde der Stern sie hinführen. Oder, so überlegte Matthäus, er könnte die Magier sogar erst zum König Herodes gehen lassen, bei dem sie sich nach dem Geburtsort Jesu erkundigen. Der würde dann seine Gelehrten befragen, und die würden sie nach Nazaret schicken. Damit könnte er seinen jüdischen Lesern zeigen, daß im Tanach etwas über Jesus gesagt ist, wenn man sich nur darin auskennt. Auf alle Fälle hatte sich Matthäus für Nazaret als Geburtsort ein Wort aus der Schrift bereitgelegt, das sich allerdings auf die Ankündigung der Geburt Simsons bezieht: „Siehe, du wirst schwanger werden und einen Sohn gebären. Es darf kein Schermesser an seine Haare kommen; denn der Knabe wird von Geburt an ein Gott geweihter *Nasiräer* sein“ *(Ri 13,5)*. Zwar paßte „Nasiräer“ nicht genau zu „Nazaret“, er würde es deswegen in „Nazoräer“ abwandeln – in der Hoffnung, daß das niemand so schnell bemerkt. Denn wie sollte er sonst seinen jüdischen Lesern klar machen, daß Jesus in Nazaret und nicht in den Davidsstädten Jerusalem oder Betlehem geboren wurde?

Pnina hatte ihrer Freundin Claudia von den Plänen ihres Mannes erzählt. Und die hatte anderen Gemeindegliedern davon berichtet. Bei allen stieß das Vorhaben auf großes Interesse. Die Gemeindeältesten beschlossen sogar, Matthäus darum zu bitten, ihnen bei nächster Gelegenheit „sein“ Kindheitsevangelium vorzutragen.

Bei einer abendlichen Eucharistiefeier, als wie üblich die Lehre der Apostel vorgetragen und der Worte und Taten Jesu gedacht wurde, las Matthäus „sein“ Kindheitsevangelium vor. Alle hörten aufmerksam zu. Aber dann war die Reaktion doch anders als erwartet. Zwar waren die meisten mit dem Stammbaum Jesu einverstanden. Doch gegenüber dem Teil, der die Geburt Jesu, das Erscheinen des Sterns und das Auftreten der Weisen aus dem Osten schildert, reagierten manche skeptisch, ja ablehnend.

„Das mit dem Stern ist ja eine gute Idee. Aber du kannst doch nicht schreiben, daß der Stern vor ihnen herzog. Sterne ‘ziehen’ von West nach Ost, aber nicht von Ost nach West.“

„Und wer soll dir denn das abnehmen: ‘Der Stern blieb über dem Haus stehen’? Wie kann ein Stern stehen bleiben? Und noch dazu über einem Haus?“

Das waren noch die harmlosesten Einwände.

„Matthäus, stell dir einmal den Herodes vor. Der hat den 80jährigen Hohenpriester Hyrkanos hinrichten lassen. Er hat seine Frau Mariamne, ihre Mutter Alexandra, ihre Söhne Alexandros und Aristobulos und seinen Schwager Kostobar umbringen lassen, weil er Angst hatte, daß jemand von ihnen ihm den Thron streitig machen könnte. Und du glaubst im Ernst, er hätte deine Weisen aus dem Osten, die sich nach dem neugeborenen König der Juden erkundigen, ungeschoren davon kommen lassen und ihnen sogar noch den Geburtsort Jesu genannt? Ich könnte mir vorstellen, daß der ganz anders reagiert hätte: daß er alles daran gesetzt hätte, um Jesus samt seinen Eltern ermorden zu lassen. Und wenn ihm das nicht auf Anhieb gelungen wäre, hätte der Kerl sich nicht gescheut, auch noch alle Kinder in Nazaret, die im gleichen Alter wie Jesus waren, umzubringen."

Matthäus sah ein, daß sein Herodesbild nicht zu dem paßte, was die Leute über ihn wußten.

Aber es kamen noch weitere Einwände. „Matthäus, ich weiß nicht, ob du wirklich unseren jüdischen Glaubensgenossen das völlig unbekannte Dorf Nazaret als Geburtsort des Messias, des Sohnes Davids, vermitteln kannst. Der Messias *muß* in der Stadt Davids geboren werden. So steht es auch in den Schriften: 'Du, Betlehem-Efrata, so klein unter den Gauen Judas, aus dir wird mir einer hervorgehen, der über Israel herrschen soll. Sein Ursprung liegt in ferner Vorzeit, in längst vergangenen Tagen' *(Mich 5,2)*. Du mußt irgendwie versuchen, wenn schon nicht Jerusalem, so doch wenigstens Betlehem als Geburtsort Jesu einzuführen."

„Und wenn wir gerade bei der Geburt sind", meldete sich noch ein zum Christentum gekommener Grieche zu Wort, „du solltest auch bedenken, daß nach hellenistischer und römischer Mythologie die Könige und die Großen der Geschichte immer von einer 'Jungfrau' geboren werden. Von Sargon, dem König von Babylon, wird das genau so erzählt wie vom Kaiser Augustus. Wenn Griechen und Römer an Jesus, den König und Retter glauben sollen, *muß* auch er von einer Jungfrau geboren sein. Etwas so Großes, Erhabenes und Heiliges kann nicht von Menschen allein hervorgebracht werden. Da muß Gott mit im Spiel sein."

Matthäus konnte alle diese Gedanken nicht von der Hand weisen, zumal sie seinem Anliegen, ein Evangelium für Juden *und* Heiden zu schreiben, entgegenkamen. Aber es bedurfte wochenlanger Arbeit, das Material neu zu ordnen, Szenen umzuschreiben und die Geschichte so zu erzählen, daß die Anliegen seiner jüdischen wie der griechischen Gemeindeglieder zu ihrem Recht kamen.

Eines jedenfalls hatte er mit seinem Vortrag bewirkt: Er und Pnina waren nun nicht mehr allein an der Arbeit, die ganze Gemeinde wirkte mit. „Sein" Evangelium wurde zum Evangelium der Gemeinde.

VI.

Es folgten Wochen mühsamer Arbeit. Wie sollte Matthäus „sein" Evangelium gliedern und strukturieren. Stoff hatte er inzwischen genügend gesammelt. Er wollte versuchen, einen möglichst lückenlosen Erzählverlauf daraus zu machen, nicht eine Sammlung von zusammenhanglos aneinandergereihten Einzelgeschichten, aus denen man sich beliebig eine auswählen könnte für den Gebrauch beim Gottesdienst oder im Unterricht.

Als „Gerüst" wollte er das Evangelium benutzen, das Markus geschrieben hatte, obwohl er nicht mit allem einverstanden war, was darin stand. Bei Markus nimmt Jesus eine sehr kritische Stellung gegenüber den Ritualgesetzen der Tora ein. Manches klingt wie ironische Polemik *(Mk 7,1-23; v.a. 7,18-23)*. Gegenüber seinen Adressaten, den aus dem Hellenismus kommenden Christen, konnte sich Markus erlauben, Jesus so auftreten und reden zu lassen. Damit bekam er die Lacher über die jedem Nicht-Juden unverständlich und absurd erscheinenden kultischen Reinheitsgebote auf seine Seite. Aber Matthäus wollte „sein" Evangelium auch für Judenchristen akzeptabel machen. Und er konnte sich darüber hinaus kaum vorstellen, daß Jesus als frommer Jude sich derart über die Ritualgesetze lustig gemacht hat. Er, Matthäus, würde „seinen" Jesus als entschiedenen Verfechter für die bleibende Gültigkeit der Tora auftreten lassen.

Andererseits durfte er freilich die Gültigkeit der Reinheitsgesetze nicht zu stark herausheben. Denn „sein" Evangelium sollte, wie das Evangelium des Markus, auch für die hellenistischen Christen akzeptabel sein. Er mußte also deutlich machen, daß die jüdischen Zeremonialgesetze eher an der Peripherie stehen und daß die Propheten, die die Beachtung der Tora immer wieder angemahnt haben, das Hauptgewicht auf die Erfüllung von Gerechtigkeit, Barmherzigkeit und Treue legen *(Mt 23,23)*.

Für die bleibende Gültigkeit der Tora und damit für die von ihr geforderte Erfüllung des Liebesgebots *(Lev 19,18)* und des Dekalogs *(Ex 20,2-18; Dtn 5,6-22)* hatte Matthäus schon ein Jesus-Wort bereit in seiner Stoffsammlung: „Denkt nicht, ich sei gekommen, um das Gesetz und die Propheten aufzuheben. Ich bin nicht gekommen, um aufzuheben, sondern um zu erfüllen. Bis Himmel und Erde vergehen, wird auch nicht der kleinste Buchstabe des Gesetzes vergehen. Wer auch nur eines von den kleinsten Geboten aufhebt und die Menschen entsprechend lehrt, der wird im Himmelreich der Kleinste sein. Wer sie aber hält und halten lehrt, der wird groß sein im Himmelreich“ *(Mt 5,17-19)*.

Neben dem Markusevangelium besaß Matthäus noch andere Texte, die er in „sein“ Evangelium einfügen wollte. Da war vor allem die mit Schnüren am Rand zusammengebundene Materialsammlung, die er von einem Freund erhalten hatte, mit den vielen Reden und Worten Jesu. Matthäus nannte sie einfach „Redenquelle.“ Auf die wollte er in keinem Fall verzichten. Darüber hinaus hatte er noch eine größere Anzahl einzelner Erzählungen und Geschichten gesammelt. Alles müßte er irgendwie an passenden Stellen in das „Markus-Gerüst“ einfügen.

Er begann, formal und inhaltlich ähnliche Stoffe zusammenzustellen. Zunächst fügte er verschiedene Reden Jesu zusammen: eine Rede an die Jünger *(Mt 10)*, eine Gleichnisrede *(Mt 13)*, eine Gemeindelehre *(Mt 18)* und eine Endzeitrede *(Mt 24-25)*. Alle ließ er mit der Formel enden: „...und es geschah, als Jesus diese Worte vollendet hatte“ *(vgl. Mt 11,1; 13,53; 19,1; 26,1)*. Aber es blieb noch viel, sehr viel Redestoff übrig.

Er kam auf die Idee, dieses Material zu einer großen Rede zusammenzufügen. Zu seiner freudigen Überraschung stellte er fest, daß dies die fünfte Redensammlung in „seinem“ Evangelium sein würde. Fünf – das war die Zahl der fünf Bücher Mose. Jesus, das hatte Matthäus schon in seiner Erzählung von der Kindheit Jesu darzustellen versucht, war der neue Mose. Ja sogar: Der über Mose Stehende, der authentische, vollmächtige Lehrer des neuen Volkes Israel. Damit war dem Matthäus auch sofort klar, wo er diese Rede anzusiedeln hätte: auf einem Berg. Doch im Unterschied zu Mose, der zwar die Worte von Gott auf dem Berg empfing, dann aber hinuntersteigen mußte, um sie dem

Volk zu überbringen, wollte er Jesus unmittelbar und direkt vom Berg herab zum Volk sprechen lassen – wie Jahwe auf dem Sinai *(Ex 19,14-25; Mt 5-7)*. Der Gottessohn, so dachte Matthäus, braucht nicht hinabzusteigen.

Neben den Reden wollte Matthäus auch noch eine Sammlung von Wundererzählungen in das „Markus-Gerüst" einfügen *(Mt 8)* – zusätzlich zu den schon von Markus aufgenommenen Wundergeschichten.

Und da Matthäus eine Vorliebe für die Zahlensymbolik hatte, gliederte er die einzelnen Sammlungen in sich nochmals. Er steckte sieben Gleichnisse in die Gleichnissammlung *(Mt 13)*, brachte sieben Weherufe über die Pharisäer zusammen *(Mt 23)*, fügte an anderer Stelle drei Gleichnisse *(Mt 21,28-22,14)* und drei Frömmigkeitsübungen *(Mt 6,1-18)* ein, verteilte drei Leidensweissagungen über das Evangelium *(Mt 16,21; 17,22; 20,17)* und reihte zehn Heilungswunder aneinander *(Mt 8-9)*.

Schließlich wollte er „sein" Evangelium nicht so abrupt enden lassen wie die Markusvorlage.[29] Er wollte vielmehr in einer grandiosen Aussendungsszene den auferweckten Jesus seinen verbliebenen elf Jüngern auf einem Berg den Befehl erteilen lassen, hinauszuziehen zu allen Völkern, um alle Menschen zu Jüngern zu machen, sie zu taufen und sie alles zu lehren, was Jesus ihnen geboten hatte. Und Jesus sollte ihnen versichern, daß er alle Tage bis zum Ende der Welt bei ihnen sein werde *(Mt 28,16-20)*.

Ein mühsames Werk war vollbracht. Matthäus hatte den Rohbau seines Evangeliums fertiggestellt. Nun konnte die Feinausführung beginnen.

VII.

Eine aufregende Episode unterbrach seine stille schriftstellerische Arbeit. Ethan, der jüdische Arzt, den er vor Wochen zusammen mit dem Synagogenvorsteher eingeladen hatte, um mit ihnen über Jesus und die heiligen Schriften zu sprechen, besuchte ihn überraschend.

„Entschuldige Matthäus, hast du einen Moment Zeit für mich? Ich brauche deinen Rat und vielleicht deine Hilfe."

„Natürlich, wenn ich dir helfen kann; bitte, nimm doch Platz. Darf ich dir etwas anbieten?"

„Nein, nein, danke. Laß nur. Ich bin nicht in Stimmung dazu."

„Was gibt es denn?", fragte Matthäus vorsichtig.

Ethan bemühte sich, ruhig zu bleiben. „Um es gleich zu sagen: ich habe Probleme mit meiner Frau." Er sprach leise, etwas traurig. „Sie hat mich verlassen. Ist einfach fort. Nach Damaskus." Er machte eine Pause. „Sie hat dort einen Freund. Den will sie offenbar heiraten."

Eine Weile schwiegen beide.

„Und was gedenkst du zu tun? Willst du ihr nachreisen? Willst du sie zurückholen?", fragte Matthäus.

„Nein, das will ich eben nicht; es wäre zwecklos. Ich werde ihr einen Scheidebrief ausstellen und sie entlassen. Aus diesem Grund bin ich auch hier." Ethan zog ein Schreiben aus seinem Umhang hervor und reichte es Matthäus: „Am 3. Wochentag des Monats Bul, im Jahr 20 nach der Zerstörung des Tempels habe ich, Ethan, Sohn des Tobia, aus Antiochia, aus eigenem Entschluß und freiem Willen und ohne jeden Zwang dich verabschiedet, entlassen und verstoßen, dich Mirjam, Tochter des Schimon aus Ribla, die du vordem meine Frau gewesen bist. Jetzt verstoße ich dich, Mirjam, so daß du frei und deiner selbst mächtig bist, zu gehen, um dich zu verheiraten an jeden beliebigen Mann, und niemand soll es dir wehren, von diesem Tag an bis in Ewigkeit. Siehe, du bist als Ehefrau erlaubt für jedermann, und dies soll dir meinerseits sein das Schriftstück der Verstoßung und das Dokument der Scheidung und der Brief der Entlassung nach dem Gesetz des Mose und Israels. Salmon als Zeuge, ... als Zeuge."[30]

Matthäus schwieg und blickte Ethan an.

Nach einer Weile sagte Ethan: „Wie uns die Tora vorschreibt, muß der Scheidebrief von mindestens zwei Zeugen unterzeichnet werden.[31] Du hast sicher bemerkt, daß Salmon als Zeuge unterschrieben hat. Die Unterschrift eines zweiten Zeugen fehlt noch."

„Und der soll ich sein."

Ethan nickte. „So ist es. Verlange ich zuviel?"

Matthäus zögerte mit seiner Antwort. „Du weißt sicher, daß du mich damit in einige Verlegenheit bringst. Zum einen weiß ich gar nicht, ob die Synagoge mich als Zeugen anerkennen wird, weil ich ja kein Jude bin. Aber das ist dein Problem. Meins ist anderer Art. Ich bin Christ. Jesus hat sehr klar und eindeutig die jüdische Scheidungspraxis abgelehnt: 'Jeder, der seine Frau entläßt, treibt sie in den Ehebruch; und wer eine Entlassene heiratet, treibt Ehebruch', hat er gesagt."

„Das kann doch nicht wahr sein! Im Fünften Buch Mose steht doch unmißverständlich: 'Wenn ein Mann eine Frau geheiratet hat und ihr Ehemann geworden ist, sie ihm dann aber nicht gefällt, weil er an ihr etwas Anstößiges entdeckt...', dann soll er ihr 'eine Scheidungsurkunde ausstellen', und die Ehe ist aufgelöst. Er darf sie nur nicht zum zweiten Mal heiraten" *(Dtn 24,1-4)*.

„Ja, ja, ich kenne diese Bestimmung. Und ich weiß auch, daß die Scheidungspraxis recht großzügig gehandhabt wird. Während Rabbi Schammai verlangte, es müsse ein gewichtiger Grund zum Ausstellen des Scheidebriefes vorliegen – etwa Ehebruch –, vertrat Hillel die Ansicht, daß schon Kleinigkeiten dazu ausreichten. Und ein anderer Rabbi sprach sogar davon, es genüge, wenn einem Ehemann eine andere Frau besser gefalle als die eigene."[32]

„Na also." Ethan schien kein Problem zu erkennen.

„Aber, Ethan, überleg doch einmal, was für ein Denken hinter einer solchen Gesetzesauslegung steht. Wie ungleich hier die Frau behandelt wird. Nur der Mann darf einen Scheidebrief ausstellen. Warum? Weil es um Besitzrechte geht. Die Frau wird als Eigentum des Mannes betrachtet. Nur er kann auf seine Besitzrechte verzichten. Wenn du mit einer Frau schlafen würdest, dann würdest du die Ehe nicht brechen. Höchstens eine fremde Ehe, falls die Frau verheiratet wäre. Denn du würdest dann den Besitz dieses Mannes schmälern. Für deine Frau gilt ein anderes Recht. Wenn sie einen Freund hat und mit ihm schläft, dann bricht sie deine Ehe. Warum ist für sie verboten, was für dich erlaubt ist? Ich meine: Wenn Jesus sich so scharf gegen das geltende jüdische Ehescheidungsrecht wendet, so will er damit sagen: 'Ihr könnt euch bei der Ehescheidungspraxis zwar formal auf das Recht berufen, aber in Wirklichkeit versteckt ihr dahinter ein schreiendes Unrecht. Ihr verbiegt den Willen Gottes. Vor Gott sind Männer und Frauen gleich. Er hat nur den *einen* Menschen geschaffen – und den als männlich *und* als weiblich.[33] Jesus will mit seinem generellen Ehescheidungsverbot die Frau in Schutz nehmen vor der Willkür des Mannes, vor seinem Besitzanspruch."

„Halt, halt," bremste Ethan den Redefluß des Matthäus. „Erstens: Ganz so schlimm sieht die Praxis meist nicht aus. Inzwischen wird auch der Frau durchaus das Recht eingeräumt, die Auflösung der Ehe zu fordern, falls eine Krankheit oder ein unehrbarer Beruf des Mannes ihr die Ehe nicht mehr zumutbar erscheinen lassen. Freilich, da muß ich dir recht geben, sind die Klagepunkte der Frau gegenüber denen des Mannes wesentlich stärker eingeschränkt. Die Frau ist im Nachteil.[34] Aber darum geht es bei mir gar nicht. Meine Frau hat mich verlassen und will nicht zu mir zurück. Damit muß ich zurecht kommen. Ich habe doch gar keine andere Möglichkeit, als ihr den Scheidebrief auszustellen. Sie hat doch die Ehe gebrochen, nicht ich. Im Übrigen: Ich glaube sehr wohl, daß Jesus ein lauterer und ehrlicher Mensch war, dem es darum ging, mit allen Konsequenzen den reinen, unbedingten Willen Gottes zu proklamieren. Vielleicht hast du sogar recht, wenn du sagst, Jesus verurteile unsere Scheidepraxis so vehement, um die Frauen zu schützen. Aber gerade deswegen müßte er eigentlich im Fall des Ehebruchs eine Scheidung sogar verlangt haben."

„Wie bitte? Das mußt du mir erklären."

„Jawohl," fuhr Ethan fort, „durch Ehebruch ist die Ehe bereits zerstört. Der 'Greuel, der das Land Israel entweiht', ist bereits eingetreten. Wer diesen Greuel duldet, macht sich mitschuldig. Eine durch Ehebruch zerstörte Ehe *muß* geradezu geschieden werden. Für unser jüdisches Denken bedeutet es geradezu eine heilige Pflicht, die Ehebrecherin zu entlassen. Das heißt anders herum, um einmal im Sinne deines Propheten Jesus zu argumentieren: Ehescheidung ist zwar generell nicht erlaubt, bei Ehebruch aber ist sie geradezu geboten. Dann *muß* die Scheidung erfolgen, weil sonst die Sünde geduldet wird.[35] Ich meine, ihr Christen solltet in Sachen Unzucht die Ehe nicht weniger heilig halten als eure jüdischen Nachbarn. Allerdings – da hast du mich nachdenklich gestimmt: Für Mann und Frau sollte gleiches Recht gelten."

Matthäus hatte mit wachsender Spannung zugehört. Ethan schaute Matthäus fragend, aber keineswegs herausfordernd oder triumphierend an. Erst nach einer Weile fügte er sehr leise hinzu: „Weißt du, Matthäus, das eigentliche Problem ist gar nicht die Scheidung, sondern die Entwicklung, die dorthin führt. Kaum ein Ehebruch kommt aus heiterem Himmel. Meist hat er eine längere Vorgeschichte. Und die beginnt im Inneren des Menschen, mit den Gedanken. Von irgendeinem unserer Weisen soll der Spruch stammen: 'Das Denken an die Sünde ist schlimmer als sie selbst'.[36] Und ein anderer soll gesagt haben: 'Auch der, welcher mit seinen Augen die Ehe bricht, wird Ehebrecher genannt'.[37] Ich könnte mir denken, daß auch Jesus etwas Ähnliches gesagt hat."

„Fast das gleiche, ja" *(Mt 5,28)*.

„Hatte ich mir doch gedacht", schmunzelte Ethan. „Dein Jesus beginnt mir allmählich sympathisch zu werden."

Dann erzählte er, wie es zum Scheitern seiner Ehe gekommen war. „Weißt du, als Arzt bin ich zeitlich stark in Anspruch genommen, meine Frau hat oft allein zu Hause gesessen und ich habe mich in den letzten Jahren wohl auch zu wenig um sie gekümmert. Probleme mit meinen Patienten beschäftigen mich manchmal Tag und Nacht. Ich glaube, manchmal war sie auch eifersüchtig auf Frauen, die ich zu behandeln hatte. Aber wir haben nie richtig über unsere Probleme gesprochen."

Matthäus hörte nur mit halbem Ohr zu. Ihn bedrängte die Frage, wie er sich verhalten solle. Wenn er sich als Zeuge zur Verfügung stellen und den Scheidungsbrief unterschreiben würde, dann könnten ihm seine nicht aus dem Judentum kommenden Mitchristen das als einen, wenn auch in diesem Fall nur indirekten Verstoß gegen das ausdrückliche Scheidungsverbot Jesu auslegen; denn dieses war eindeutig und ließ von seinem Wortlaut her keine Ausnahme zu. Matthäus war sich allerdings keineswegs sicher, ob Jesus das Wort derart rigoros und als ehernes Gesetz verstanden wissen wollte. Aber wer könnte kompetent darüber Auskunft geben? Wenn Matthäus die Unterschrift verweigerte, dann mußte er sich von seinen jüdischen Mitchristen vorwerfen lassen, daß er damit die eindeutigen Bestimmungen der Tora und die bestehende Praxis im Judentum in Frage stelle.

Vielleicht hätte Pnina als Jüdin einen guten Rat gewußt. Aber sie war nicht zu Hause. Und sie kam auch nicht zurück, solange die beiden zusammensaßen.

Matthäus setzte seinen Namen unter das Dokument – nicht überzeugt, das richtige zu tun.

VIII.

Das Problem ließ ihn nicht los. Hätte er anders entscheiden müssen, den Scheidebrief nicht unterschreiben dürfen? Andererseits: Konnte Jesus wirklich ein so rigoroses Scheidungsverbot aussprechen, ohne im geringsten die Umstände zu berücksichtigen, die zu einer Zerrüttung der Ehe geführt hatten, und ohne nach den Folgen einer solchen Haltung zu fragen? Matthäus konnte es sich nicht vorstellen. Jesus war schließlich nicht als Gesetzgeber aufgetreten, sondern allenfalls als prophetischer Provokateur.[38] Er sprach zu wiederholten Malen von der Versöhnungsbereitschaft Gottes und verlangte diese auch von den Menschen. Wie also war die Frage zu entscheiden?

Matthäus brauchte Klarheit, schließlich würde er in seinem Evangelium Stellung nehmen müssen. Er sah keine andere Möglichkeit, als eine Gemeindeversammlung mit dem Problem zu befassen.

Es waren etwa 50 Gemeindemitglieder, die sich dazu versammelten. Bischof Euodios,[39] der selbst den Vorsitz führte, bat Matthäus nach einer kurzen Begrüßung, sein Anliegen vorzutragen.

Matthäus erzählte von seinem Gespräch mit Ethan, verheimlichte auch nicht, daß er sich in diesem konkreten Fall entschieden hatte, den Scheidebrief als Zeuge zu unterschreiben. „Diese Entscheidung, liebe Freunde, belastet mich so, daß ich um euren Rat bitte. Ihr wißt alle, daß in der Tora steht: ‘Du wirst nicht die Ehe brechen!’ *(Ex 20,14)*. An anderer Stelle aber wird in der gleichen Tora dem Mann – nur dem Mann! – erlaubt, seiner Frau eine Scheidungsurkunde auszustellen, wenn er an ihr ‘etwas Anstößiges entdeckt’; die Ehe ist dann aufgelöst *(Dtn 24,1-4)*. Jesus dagegen hat an den Willen Gottes, der in den Zehn Weisungen zum Ausdruck gebracht ist, erinnert und auf die Verwässerung hingewiesen, die selbst die Tora damit getrieben hat: ‘Wer seine Frau entläßt und eine andere heiratet, der begeht Ehebruch’. So steht es unmißverständlich im Evangelium des Markus. Das ist euch allen bekannt *(Mk 10,12)*. Hätte ich also meinem jüdischen Freund die Unterschrift auf seiner Scheidungsurkunde verweigern müssen, wenn ich im Sinne Jesu handeln wollte?“

Matthäus machte eine Pause.

„Es geht hier nicht um Lappalien, und es geht auch nicht darum, daß ich euren Segen für meinen Freund haben möchte. Ich bin grundsätzlich genau so gegen die Ehescheidung, wie wir alle. Aber wie verhalten wir uns bei einem wirklich schwerwiegenden Fall von Ehebruch – egal, ob von der Frau oder vom Mann begangen? Wie ist es, wenn die Frau oder der Mann längst bei einem oder einer anderen wohnen? Wenn sie vielleicht mit dem neuen Partner oder der neuen Partnerin schon Kinder haben oder wenn ein Kind unterwegs ist? Und was soll der verlassene Teil machen? Soll er allein leben, obwohl es aus familiären Gründen vielleicht geradezu seine Pflicht wäre, wieder eine neue Ehe einzugehen – etwa um die noch unmündigen Kinder zu versorgen oder um die kranke Mutter zu pflegen oder weil er selbst der Pflege bedarf? Gilt das Wort Jesu vom Verbot der Ehescheidung als ehernes Gesetz oder als Idealvorstellung, deren Verwirklichung jeder Christ und jede Christin ernsthaft anzustreben hat? Das ist meine Frage, die mich seit Tagen beschäftigt und die ich für so wichtig halte, daß ich darum gebeten habe, sie euch vorlegen zu dürfen, damit wir miteinander zu einer Entscheidung gelangen.“

Matthäus schwieg. Auch in der Versammlung herrschte eine Weile Stille. Die Betroffenheit aller war deutlich spürbar. Und mancher von ihnen hatte wohl auch den einen oder anderen konkreten Fall aus eigener Erfahrung vor Augen.

Schließlich eröffnete Bischof Euodios die Diskussion. Als erster ergriff ein noch verhältnismäßig junger Mann das Wort. Er hieß Ignatios und gehörte zu den Konservativen in der Gemeinde.[40] „Ich meine, wir sollten am Wort Jesu nicht herumdeuteln und heruminterpretieren. Er hat die Ehescheidung verboten und das muß gelten! Sonst verwässern wir seine Lehre."

„Nun mal langsam, Ignatios." Claudia, die couragierte Römerin, war nicht willens, einem solch autoritären Argument zu folgen. „Wo bleibt bei einem derartigen Rigorismus denn die Liebe? Jesus selbst hat doch sehr deutlich immer wieder von der unbedingten Liebe Gottes zu den Menschen gesprochen. Als seine Gegner ihn angriffen, weil seine Jünger am Sabbat ein paar Ähren gepflückt hatten, weil sie hungrig waren, wies er sie darauf hin, daß der Sabbat um des Menschen willen da sei, nicht aber der Mensch um des Sabbat willen *(Mk 2,23-28)*. Und ganz ähnlich hat er sich verhalten, als man ihn anfeindete, weil er am Sabbat heilte *(Mt 12,9-14)*."

Schnell hatten sich zwei Parteien gebildet. Die einen standen auf der Seite des Ignatios, die anderen auf Claudias Seite. Als die Wogen immer höher gingen und die Lautstärke der Auseinandersetzung zunahm, griff Bischof Euodios ein: „Ich höre, daß sich unter uns zwei Meinungsrichtungen herausgebildet haben, die nicht miteinander zu vereinbaren sind – eine streng am Gesetz orientierte, die keine Ausnahmen zuläßt, und eine die Not der Menschen berücksichtigende, die bereit ist, in eng begrenzten und wohlbegründeten Ausnahmefällen eine Scheidung zuzulassen." Und er wendete sich an Matthäus: „Was meinst du?"

„Ich meine", Matthäus sprach sehr leise, „wir sollten das Wort Jesu sehr ernst nehmen. Wir sollten alles daran setzen, danach zu leben. Wir sollten die Unauflöslichkeit der Ehe hochhalten und allen, die eine Ehe eingehen möchten, dieses Ideal mit aller Deutlichkeit vor Augen stellen. Wir sollten alles in unseren Kräften Stehende tun, um eine gefährdete Ehe zu retten und um Brüche zu heilen, wenn solche nach außen erkennbar werden. Aber..." Matthäus unterbrach sich, „aber wir sollten das Wort Jesu nicht als Gesetzesparagraph interpretieren und es kaltblütig und mitleidlos durchsetzen und zur Geltung bringen. Und darum plädiere ich dafür, das Wort Jesu vom Verbot der Ehescheidung, so wie es bei Markus überliefert ist, etwas umzuformulieren: 'Wer seine Frau entläßt...' – und nun die Einfügung, die ich vorschlage: *außer wegen einer Unzuchtssache*", und er wiederholte und betonte „...außer wegen einer Unzuchtssache, treibt sie in den Ehebruch' *(Mt 5,32a)*. Wir sollten darüber hinaus auch die Wurzeln des Ehebruchs aufzeigen, wie es Jesus getan hat: 'Jeder, der eine Frau mit begierlicher Absicht anblickt, hat schon mit ihr Ehebruch geübt in seinem Herzen' *(Mt 5,28)*."

Der Vorschlag stieß bei den meisten Gemeindemitgliedern auf Zustimmung. Darum beantragte Bischof Euodios, über diesen Formulierungsvorschlag abzustimmen und ihn dann in das Evangelium aufzunehmen, das Matthäus gerade schreibe.

Doch Ignatios und seine Anhänger wendeten sich entschieden gegen eine derartige Manipulation der Worte Jesu durch „Mehrheitsbeschlüsse", wie sie es nannten. Über die Wahrheit könne man nicht abstimmen. Und wenn man sich schon in der Auslegung der Jesusworte nicht einigen könne, dann müsse der Bischof entscheiden. „Es ist ein gutes Zeichen für eine Gemeinde, wenn sie mit ihrem Bischof so innig verbunden ist wie die Kirche mit Jesus Christus und wie Jesus Christus mit dem Vater, auf daß alles zur Einheit zusammenklingt," meinte Ignatios.[41]

Matthäus mußte all seine Redekunst aufbieten, um ihnen klarzumachen, daß nach seiner festen Überzeugung Jesus als der Auferweckte inmitten der Gemeinde lebendig sei *(Mt 18,20)*. „Sein Geist ist in unserer Gemeinde wirksam und spricht zu uns. Darum dürfen wir in unserem gemeinsamen Beschluß – und nicht nur im Spruch des Bischofs – das Wort Jesu hören, das er – wenn er hier und jetzt unter uns wäre – zu uns sprechen würde."

Bei der Abstimmung, die nun endlich stattfinden konnte, erhielt der Vorschlag des Matthäus, die „Unzuchtsklausel" in das Jesuswort von der Ehescheidung einzuschieben, eine deutliche Mehrheit.

Ignatios war empört, über das Ergebnis nicht minder wie über die Verfahrensweise. „Ich bin in großer Sorge, daß wir uns hier sehr falsch verhalten. Wir glauben doch alle, daß Jesu Wort Gottes Wort ist. Durch ihn hat Gott zu uns gesprochen. Dann können wir aber seine Worte nicht einfach unseren jeweiligen Bedürfnissen anpassen. Ich bekenne ganz offen, daß ich in dem, was wir gerade mehrheitlich beschlossen haben, nicht das Wort Gottes an uns und an unsere Gemeinde hier in Antiochia erkennen kann.

Und genauso halte ich nichts von unserem Entscheidungsverfahren. Entscheidungsbefugnis hat allein der von Gott durch Christus mit Macht ausgestattete *eine* Bischof. Er ist authentischer Verkünder der Lehre. Er ist bevollmächtigter Leiter der Gemeinde in sozialen und materiellen Belangen.[42] Deshalb sollte er entscheiden und nicht die Gemeindeversammlung."

Eine lange und hitzige Diskussion schloß sich an Ignatios' Votum an. Die Gemeinde war in dieser Frage gespalten, eine Einigung konnte nicht erzielt werden. Dennoch war klar geworden, daß diese Frage in absehbarer Zeit einer Entscheidung zugeführt werden müsse, wenn die Gemeinde nicht auseinanderbrechen sollte.

IX.

Pnina liebte das Einkaufen auf dem Basar. Die Stadt hatte sich den Luxus geleistet, ihr Einkaufszentrum zu überdachen. Das machte zwar die Gassen, die über viele hundert Meter kreuz und quer durch den Basar führten, etwas düster. Dafür waren sie aber selbst an den heißesten Sommertagen angenehm schattig und kühl. Es herrschte eine eigenartig-wohlige, fast gemütliche Atmosphäre darin. Die Händler saßen entweder auf kleinen Teppichen neben ihren Waren auf dem Boden, oder sie standen hinter ihrem, meist kaum über zwei Meter breiten Verkaufstisch, der den höhlenartigen Laden gegen die Basargassen abschloß.

Da gab es die Kupferschmiedegasse, in der ein gutes Dutzend Händler nebeneinander ihre rot-golden glänzenden Töpfe, Kannen, Schüsseln, Kasserollen und Kessel anbot. In einer anderen Gasse residierten die Teppichhändler mit großen und kleinen, bunten und einfarbigen, seidenen und wollenen Produkten. In der Metzgergasse roch es meist wenig einladend. Um so mehr aber bei den Gewürzhändlern. Was hatten sie nicht alles vor und in ihren winzigen Einkaufshöhlen anzubieten – Dill, Koriander, Kümmel, Minze, Zimt, Raute, Senf, Pfeffer, Majoran, Estragon, Ingwer, Basilikum, Kerbel, Thymian, Muskatnüsse und noch manches mehr. Auch nebenan bei den Salbenmischern duftete es geheimnisvoll-verführerisch nach Rosen- und Olivenöl, nach Kalmus, Kassia, Myrrhe und Aloe. Bei den Backwarenhändlern roch es vor allem nach Zucker und Zimt.

Die Tuchhändler boten feinste, bunte Seidengewänder an für festliche Gelegenheiten und grobe Linnenkleider für den Alltag – weiße für die Männer und schwarze für die Frauen. Die Schreiner stellten Tische, kleine Hocker, Bettgestelle und Truhen zur Schau, die Schuhverkäufer Sandalen in allen Größen und Farben, die Lederwarenhändler Hand- und Umhängetaschen, die Obstverkäufer vor allem Äpfel, Trauben und Nüsse.

An den Kreuzungen der Gassen saßen die öffentlichen Schreiber. Die einen waren Spezialisten für die griechische, andere für die lateinische, wieder andere für irgendwelche vorderorientalischen Sprachen – aramäisch oder hebräisch, assyro-babylonisch oder phönizisch. Sie schrieben für ihre Kunden Briefe an Behörden und Geschäftsleute, an Kunden und Ärzte, an Verwandte und Freunde. Vor allem aber viele, viele glühend heiße Liebesbriefe. Das war ein einträglicher Broterwerb, denn nur die wenigsten Einwohner Antiochias konnten schreiben und lesen.

Auf dem Heimweg vom Basar kam Pnina am „Kaisareion", am „Königsbau", vorbei. Dort hatte sich eine größere Menschenmenge versammelt, die wild diskutierend beieinander stand. Arbeiter waren damit beschäftigt, den Sockel für ein neues Standbild aufzumauern. Es sollte, wie sie hörte, Kaiser Domitian darstellen, der seit dem Jahre 81 Kaiser war. Aber der eigentliche Anlaß für die Aufregung war die Inschrift, die der Sockel der Statue trug:

CAESAR DOMITIANUS AUGUSTUS DIVUS DOMINUS
(Kaiser Domitian, anbetungswürdiger göttlicher Herr).

Ziemlich aufgeregt kam sie nach Hause und überfiel ihren Mann, dem sie an der Haustür begegnete, gleich mit heftigem Schimpfen.

„Dieser Domitian scheint den Verstand verloren zu haben," keuchte sie wütend. „Schlimm genug, daß er sich 'divus' und 'augustus' nennen läßt. Jetzt will er auch noch 'dominus' – 'kyrios' – sein."

Pninas Empörung war leicht zu verstehen, war doch 'kyrios' die griechische Übersetzung des hebräischen Gottesnamens Jahwe.

„So eine Anmaßung werden sich die Juden nicht gefallen lassen. Und die Christen auch nicht. Unser kyrios, unser Herr ist Jesus, sonst niemand! – Domitian ist größenwahnsinnig geworden, völlig übergeschnappt. Claudia hat mir erzählt, daß auch sein Hofdichter Martial ihn bereits als Gott besingt:

'Siehe, da ist Gott,
da ist er, vom Vater im Himmel
eingesetzt mit der Vollmacht,
auf glücklicher Erde zu herrschen.'

So ein Unfug! Auch die Tiere huldigen der göttlichen Majestät des Kaisers, versichert Martial. Der Elefant erkennt seinen Herrn und betet ihn an. Hasen spielen im Rachen des Löwen, der von seinem Kaiser die höchste Herrschertugend gelernt hat, die Barmherzigkeit. Eine gehetzte Antilope flüchtet schutzsuchend zum Kaiser. Die Bäume selbst wachsen wie nie zuvor. Die Vögel – vermutlich die Papageien des Kaisers – sitzen auf den Zweigen und rufen: Ave Caesar! Und so weiter und so weiter. Ich konnte mir gar nicht alles merken, was Claudia noch alles von Martials Gedichten zu zitieren wußte."

„Ich finde es eher zum Lachen. Bei diesem Marcus Valerius Martialis weiß man nie so recht, ob er's auch wirklich so meint, wie er's schreibt. Der ist ein gewandter und geistreicher Zyniker. Vielleicht verspottet er den Kaiser damit auf seine hintergründige Art, ohne dabei gleich seinen Kopf zu riskieren."

„Der Kaiser nimmt es aber offenkundig ernst, und die Rolle als Gott scheint ihm nicht schlecht zu gefallen. Bestimmt hat er das kaiserliche Standbild und vor allem die Inschrift, die es tragen soll, höchstpersönlich angeordnet. Ich glaube nicht, daß da der Statthalter dahintersteckt, der sich beim Kaiser lieb Kind machen will. Es würde mich auch nicht wundern, wenn Domitian ganz bestimmte Zwecke mit dieser Inschrift verfolgt."

„Kann schon sein. Unmöglich ist es jedenfalls nicht."

„Und was machen wir dann? Können wir als Christen uns das so einfach gefallen lassen, wenn sich der Kaiser nicht nur als 'anbetungswürdiger Gott', sondern auch noch als 'Herr' ausgibt?"

„Solange er das nur von sich meint und nicht verlangt, daß wir eine Kniebeuge vor der Statue machen oder gar ihr zu Ehren Weihrauch streuen, sollten wir nicht auf die Barrikaden steigen.“

„Also duckmäusern?“

„Nein, natürlich nicht. Solange der Kaiser die Verehrung unseres Gottes und die Ausübung unserer Religion duldet und solange er auf die Anbetung der Staatsmacht oder seiner Person verzichtet, sehe ich keine Probleme. Wenn der Kaiser sich einbildet, kyrios oder sonstwas zu sein, ist das seine Privatangelegenheit. Ich kenne in Antiochia einige Leute, die sich für Alexander den Großen halten. Willst du ihnen das verbieten?“

„Es ist doch aber wohl ein Unterschied, ob der großmächtige Kaiser Domitian meint, er sei Gott selbst, oder ob ich oder du dergleichen von sich behaupten. Ich finde deine Haltung gegenüber der kaiserlichen Anmaßung zu weich.“

„Vielleicht. Aber erinnere dich an die Episode aus dem Markusevangelium, in der Jesus eine ähnliche Haltung einnimmt, die Geschichte mit dem Denar. Da kamen Leute zu Jesus und wollten wissen, ob es erlaubt sei, dem Kaiser Steuern zu zahlen. Jesus forderte sie auf, ihm einen Denar zu zeigen. Der zeigte damals das Bildnis des Kaisers Tiberius und trug die Inschrift: ‘TIBERIUS CAESAR DIVI AUGUSTI FILIUS AUGUSTUS’ (Kaiser Tiberius, anbetungswürdiger Sohn des göttlichen Anbetungswürdigen)[43]. Und dann sagte er: ‘Gebt dem Kaiser, was dem Kaiser gehört, und Gott, was Gott gehört’“ *(Mt 22,15-22; Mk 12,13-17).*

„Und was hat das mit unserer Geschichte zu tun?“

„Jesus regt sich über die Inschrift nicht auf. Er hätte ja mindestens genau soviel Anlaß dazu gehabt wie wir. Soll der Kaiser von sich glauben, was er will. Soll er auf seine Münzen Bildnisse oder Inschriften prägen lassen, die ihm gefallen. Das ist Nebensache. Jesus geht es ums Grundsätzliche. Daß der Kaiser Steuern braucht, wird man kaum bestreiten können. Wie hoch die sein müssen oder können und wofür sie verwendet werden, ist eine andere Frage.

Ginge es wirklich nur um die Steuerfrage, dann hätte Jesus antworten können: 'Gebt dem Kaiser, was dem Kaiser gehört.' Schluß. Aber genau das genügt ihm eben nicht. Jesus fügt das hinzu, worauf es ihm ankommt, obwohl die Leute ihn danach gar nicht gefragt haben: '...und gebt Gott, was Gott gehört'. *Das* ist die Hauptsache. Jesus erklärt die Steuerfrage nicht für belanglos. Aber er lenkt den Blick auf das Eigentliche. – Ich meine, wir sollten die Sache mit der Inschrift genauso sehen. Solange der Kaiser von uns nicht etwas verlangt, was gegen unsere Überzeugung und gegen unseren Glauben verstößt, sollten wir keinen Streit entfachen. Und obendrein: Wenn ich mich über die Inschrift aufrege, ist damit noch lange nicht gesagt, daß ich mich tatsächlich ernsthaft um Gott kümmere und nach seinem Willen frage."

„Ich verstehe deine Ruhe trotzdem nicht. Domitian neigt doch ganz offensichtlich zu einem völlig übertriebenen Personenkult. Warum sollte er nicht mit Gewalt durchsetzen, daß alle seine Untertanen ihn als 'anbetungswürdigen Herrn' verehren?"[44]

„Das ist nicht auszuschließen. Aber wir sollten ein solches Vorgehen nicht provozieren. Insgesamt hat Rom sich bisher ziemlich tolerant gegenüber den verschiedenen Religionen verhalten. Solange es den Zusammenhalt des riesigen Imperiums nicht gefährdet sah, wie etwa im Jüdischen Krieg, hat es der Ausübung jeder Form von Religion keine Hindernisse in den Weg gelegt. Ich fürchte viel eher, daß Unruhen zwischen Juden und Christen oder auch nur unter Christen zu Konflikten mit dem Staat führen könnten. Dann muß er nämlich eingreifen, um die Tumulte unter Kontrolle zu bringen. Wenn sich die Auseinandersetzungen häufen und wenn immer wieder Christen darin verwickelt sind, dann könnte die Staatsmacht auf die Idee kommen, daß die Christen die eigentliche Ursache dafür sind, daß der bisherige religiöse Friede gestört ist. Und er könnte dann annehmen, daß diese Christen eine Bedrohung für die bis jetzt geübte Religionspolitik des Reiches darstellen. Und dann würden die römischen Behörden bei genauerer

Prüfung vielleicht feststellen, daß Christen die römische Staatsreligion und allen Kaiserkult grundsätzlich ablehnen und so letztlich den Staat gefährden.

Deshalb meine ich, man sollte schlafende Hunde nicht wecken. Wir sollten gegen die Statue samt ihrer Inschrift nichts unternehmen, solange von uns nicht verlangt wird, diesem Standbild oder dem Kaiser irgendwelche Verehrung zu erweisen, wie sie allein Gott zukommt."

X.

In den folgenden Wochen tat sich nichts auf dem Forum. Kaum jemand nahm noch Notiz von der Statue des Kaisers und ihrer Inschrift. Auch von den Behörden wurden keine Anordnungen erlassen, daß man dem Standbild irgendwelche Ehrenbezeugungen zu erweisen habe.

Matthäus arbeitete an der ersten großen Redengruppe in seinem Evangelium, an der „Bergpredigt" *(Mt 5-7)*. Auf diesen Abschnitt war er besonders stolz. Ihm gefiel die gut durchdachte literarische Komposition. Er überarbeitete gerade die fünfte „Antithese" *(Mt 5,38-42)*. Sechs solcher „Antithesen" hatte er aneinandergereiht. Er hatte sie immer so aufgebaut, daß Jesus ein Gebot aus der Tora zitiert und es einleitet mit den Worten 'Ihr habt gehört, daß zu den Alten gesagt worden ist...' oder 'Ihr habt gehört, daß gesagt wurde...' oder ganz einfach 'Es ist auch gesagt...'. Matthäus war literarisch gebildet genug, um nicht in eine plumpe und monotone Stereotypie zu verfallen. Darum variierte er die Einleitungsformel etwas. Nach der Nennung des Gebotes – das war die „These" – setzte Matthäus ein überraschendes und zumeist reichlich provokantes Wort Jesu als „Anti-These": 'Ich aber sage euch...' Und dann weist Jesus auf den Kern, auf die Wurzel, auf das eigentliche Anliegen des jeweiligen Gebotes hin, das in der konkreten Glaubenspraxis seiner Gemeinde (und anderswo) nicht selten nur mehr rein äußerlich oder gar nicht befolgt wurde.

Wie gesagt, Matthäus saß an der fünften „Antithese":

- *These*: Ihr habt gehört, daß gesagt wurde:
  'Auge um Auge und Zahn um Zahn!'
- *Antithese*: Ich aber sage euch:
  Leistet dem Bösen keinen Widerstand!
- Drei Beispiele:

1. Sondern wer dich auf deine rechte Backe schlägt, dem halte auch die andere hin.
2. Und dem, der dich vor Gericht bringen und deinen Rock nehmen will, dem laß auch den Mantel.
3. Und wer dich zu einer Meile Frondienst zwingt, mit dem gehe zwei.

Er war so vertieft, daß er kaum bemerkte, daß Pnina an seine Seite getreten war und ihm über die Schulter schaute. „Wie findest du das? Diese Form gefällt mir sehr."

„Mir auch. Jedenfalls die Form. Was mir Kopfzerbrechen macht, ist der Inhalt."

„Kann ich mir denken," meinte Matthäus. „Der macht mir auch zu schaffen. Aber der stammt von Jesus. Nur die Form ist von mir."

„Wenn ich mir vorstelle, wie ich ein solches Wort befolgen soll ...Ein derart radikaler Gewaltverzicht ist völlig unrealistisch und unvernünftig. Und...," sie zögerte etwas, „Jesus hat sich doch selbst nicht daran gehalten."

„Was? Wie kommst du darauf?"

„Ja, ja, ich weiß schon, du siehst in Jesus einen radikalen Pazifisten. Aber das war er nicht. Jedenfalls nach allem, was ich über ihn gehört und gelesen habe".

„Hast du dafür ein Beispiel?"

„Na, denk doch nur an seine Aktion gegen die Taubenhändler und gegen die Geldwechsler im Tempel, ein paar Tage vor seiner Gefangennahme und Hinrichtung" *(Mk 11,15-19)*.[45]

„Aber das war doch nur in einem kleinen Winkel des Tempelplatzes. Vermutlich hat es nicht einmal die jüdische Tempelpolizei und schon gar nicht das in der Nähe stationierte römische Militär bemerkt. Sonst wären die sofort gekommen und hätten Jesus festgenommen."

„Mag ja sein, daß nicht viele Händler und Wechsler davon betroffen waren. Aber für die, die er erwischt hat, war's schlimm genug. Und sag bloß, daß Jesus hier nicht aggressiv geworden wäre."

„Aber das war doch eine Zeichenhandlung. Zugegeben, eine ziemlich provokante und skandalöse."

„Ein solches Zeichen hätte ja schließlich auch weniger gewalttätig ausfallen können."

„Vielleicht. Aber dann wohl auch weniger deutlich. Wenn gerade der Tempel zum Gegenstand eines massiv verändernden Handelns Jesu wird, dann besagt das zumindest etwas über seinen Anspruch auf Vollmacht. Denn üblicherweise ist der Tempel mit heiliger Scheu zu verehren. Und es hat darin alles so zu bleiben, wie es immer war. Wer radikal etwas zu ändern wagt, wo alles beim Alten bleiben soll, der kündigt nicht nur eine neue Zeit an, sondern verhält sich wie der Herr des Geschehens. Der kommt aus dem Heiligen selbst – jedenfalls können wir, die wir um seine Auferstehung wissen, das heute so sehen."

„Schön sagst du das – wie ein richtiger Theologe. Mich interessieren aber auch die Betroffenen. Die haben zumindest Unannehmlichkeiten mit dieser nicht gerade besonders rücksichtsvollen Zeichenhandlung gehabt. Die armen Kerle wird Jesus nicht als Freunde gewonnen haben. Die werden vermutlich als erste nach seiner Verurteilung geschrien haben."

„Kann sein. Was hältst du davon, wenn ich eine zweite Zeichenhandlung – als eine Art Wiedergutmachung – einfüge? Markus spricht nur von dieser einen, etwas gewalttätigen Zeichenhandlung *(Mk 11,15-19)*. Ich werde unmittelbar im Anschluß Blinde und Lahme zu Jesus kommen lassen, und er wird sie heilen" *(Mt 21,14)*.

„Und damit willst du dann deutlich machen, daß in den Tempel nur Leute gehen sollen, die bereit sind zu geben und zu schenken, nicht aber solche, die Geschäfte machen und Geld verdienen wollen."

„Genau! Dann würde deutlich werden, daß für Jesus der Dienst am Menschen und die Sorge um ihr Heil-Sein Vorrang haben vor einem formal-gesetzlichen, nach genauem Ritual geregelten Gottesdienst, bei dem sich niemand um die Blinden und Lahmen kümmert. Prüfstein für die Echtheit des Dienstes für Gott ist der Dienst am Menschen. Nur wer bereit ist, dem Geringsten einen Dienst zu erweisen, der dient wahrhaft Gott. Oder noch genauer: Der Dienst am Geringsten *ist* Gottesdienst."

„Trotzdem gefällt mir nicht, wie du Jesus als gewaltlos um jeden Preis darstellst. Du weißt doch, was bei seiner Gefangennahme passiert ist. Einer seiner Jünger hat einen Dolch genommen und dem Knecht des Hohenpriesters das Ohr abgehauen. Also muß Jesus es seinen Jüngern doch gestattet haben, einen Dolch bei sich zu tragen, obwohl er, wie Markus berichtet, ausdrücklich angeordnet hat, sie sollten höchstens einen Stock zur Abwehr streunender Hunde oder gegen Schlangen mitnehmen, wenn sie von Dorf zu Dorf ziehen, um zu predigen." *(Mk 6,8f.)*.

„Ach ja, über diese Geschichte bin ich auch zuerst gestolpert. Aber dann habe ich mir den Text noch einmal genauer angeschaut. Markus schreibt: '...einer von denen, die dabeistanden' *(Mk 14,47)*. So deutlich ist es also gar nicht, ob es wirklich einer von den Zwölfen war. Eher scheint irgendein zufällig Vorüberkommender damit gemeint zu sein (wobei ich mich allerdings frage, was der zu so später Stunde in einem Ölgarten außerhalb der Stadtmauern zu suchen hat). Wie dem auch sei: Außer diesem einen 'Dabeistehenden' wendet niemand Gewalt an. Die Gegenwehr war ja auch geradezu lächerlich unwirksam. Sie ist eher ein Zeichen für die bewußte und gewollte Wehrlosigkeit Jesu. Ich könnte mir sogar vorstellen, daß er diese Gewaltanwendung überhaupt nicht gebilligt, sondern sie im Gegenteil verurteilt hat *(vgl. Mk 14,47f. mit Mt 26,51-55)*. Er hat jedenfalls dem Bösen keinen Widerstand geleistet und auch nicht geduldet, daß es geschieht."

„Und was meinst du zu den Gerichtsaussagen Jesu? Da soll jemand mit einem Mühlstein um den Hals im Meer versenkt oder in das unauslöschliche Feuer der Hölle geworfen werden, wo 'der

Wurm nicht stirbt und das Feuer nicht erlischt' (Mk 9,42-48). Ist das vielleicht human? Ist das ein Evangelium, eine Frohbotschaft? Ist das nicht eher eine ganz massive und brutale Drohbotschaft? Ein Ausdruck krankhafter Rachephantasie?"

„Du bringst mich ganz schön in die Bredouille!", scherzte Matthäus. „Aber ich bilde mir ein, auch darauf eine Antwort zu wissen."

„Und die wäre?"

„Ich meine, die Gerichtsworte schildern in einer recht drastisch-anschaulichen Sprache und in Bildern, die den Zeitgenossen Jesu wohlbekannt waren, wie es ist, wenn Menschen zu Unmenschen werden. Niemand kann leugnen, daß es in der Welt soviel himmelschreiende Ungerechtigkeit, soviel Grausamkeit und Bestialität, soviel Vernichtung und Zerstörung, soviel Ermordung Unschuldiger gegeben hat und gibt, daß keine Strafe von Menschenhand für solche monströsen Taten auch nur einigermaßen Genugtuung leisten kann.

Es muß eine ausgleichende Gerechtigkeit geben. Aber soll diese Gerechtigkeit darin bestehen, daß für abgrundtiefe Schuld in einer *begrenzten* Lebenszeit ein abgrundtiefer Reueschmerz in einer *unbegrenzten* 'Zeit' eingeklagt wird? Daß zur Vergeltung des furchtbaren *zeitlichen* Leids der Opfer ein *ewiges* Leid über die Täter verhängt wird, das keineswegs weniger furchtbar ist? Kann es überhaupt einen ewigen Himmel geben, wenn 'daneben' oder 'darunter' eine ewige Hölle existiert? Das wäre ein Himmel, in dem man sich an nichts mehr erinnert. Eine irrsinnige Verdrängungsmaschinerie, in der alles Leiden einfach nur vergessen, aber nicht aufgearbeitet wird.

Ich meine, die Rede Jesu von der 'Hölle' ist ein anschaulich-drastisches Bild, um die Folgen einer bösen Tat deutlich zu machen. Dieses Bild will dem Menschen etwas sagen für sein *gegenwärtiges* Leben und nicht etwas über das unbekannte zukünftige Leben nach dem Tod. Die Rede von der 'Hölle' und von ewigen Strafen bringt den Ernst der Lage zum Ausdruck, in den sich der Schuldiggewordene hineinmanövriert hat."

„Und ist dann die Rede vom 'Reich der Himmel' auch nur ein Bild? Gibt es den Himmel ebenso wenig wie es, wenn ich dich recht verstehe, die Hölle gibt?"

„Es gibt keine Hölle, weil der Teufel nicht existiert. Aber es gibt einen Himmel, weil Gott existiert", dozierte Matthäus weiter. „Wie der Himmel aussieht, wissen wir nicht. Ich stelle ihn mir vor als Ruhen in einem Glück, das einem nicht mehr genommen werden kann: Nicht mehr vertrieben, verfolgt, gequält werden, nicht mehr versagen können, ausruhen können am Herzen Gottes, bleiben in der Liebe... Alles im Leben je erfahrene oder auch das nur erhoffte, ersehnte oder kaum geahnte Glück erscheint gesammelt in dem einen Augenblick, in dem wir Gott (und in ihm den Menschen) begegnen, Leben in höchster Konzentration, wie wir es vielleicht anfanghaft einmal erfahren haben in einer beglückenden Begegnung, auf einem gelungenen Fest, in einer Stunde großen Erfolgs oder großen Beschenktseins."[46]

„Und wie ist es dann mit den Übeltätern? Kommen sie auch in diesen 'Himmel'?", beharrte Pnina.

„Ich meine, daß eine wirkliche Wieder*gut*machung ihrer Schuld nur möglich ist im Lebenszusammenhang mit Gott und den Opfern selbst. Angesichts ihrer Wunden leidet der Täter. Angesichts der unendlichen Barmherzigkeit Gottes verschärft sich der Schmerz. Aber dieses Leiden ist das Leiden von Geretteten. Die Erinnerung der Opfer findet so in ihnen, die ewig leben dürfen, eine ewige Gegenwart. Ein vom Gesicht der Opfer abgewandtes und abgespaltenes Strafleiden wäre sinnlos, weil dann die Sühne nicht an dem Ort eingeklagt und fruchtbar würde, wo die Schuld verursacht und Leid zugefügt wurde. Die Opfer werden an ihren Wunden, die Täter an ihrem Kainsmal erkennbar sein. Die diesseitige Welt wird in der jenseitigen gegenwärtig bleiben. Und die 'therapeutische' Kraft des Himmels wird darin liegen, daß es zu einer Versöhnung, zu einer 'Wiedervereinigung' gespaltener Welten kommt. Dies geschieht und kann nur geschehen im Kraftfeld der universalen Liebe und der unendlichen Versöhnung Gottes."[47]

„Hoffentlich drückst du dich in deinem Evangelium etwas weniger kompliziert aus! Sonst versteht niemand das, was du sagen willst. Und von Jesus könnten die Leute dann meinen, er sei irgendein Philosoph, nicht aber einer, der eine beglückende Botschaft gebracht hat..."

„...und der ein 'brutaler' Pazifist war, einer, der von bedingungsloser Liebe und Vergebungsbereitschaft nicht nur geredet, sondern sie auch gelebt hat," ergänzte Matthäus lächelnd.

XI.

Im Herbst hatte Matthäus die Mitglieder seiner Textilhändlervereinigung und deren Frauen eingeladen. Nachdem man sich eine Weile über Einkaufspreise, über die Erschließung neuer Absatzmärkte, über Lohnfragen und die Probleme mit Taglöhnern und Saisonarbeitern unterhalten und Erfahrungen ausgetauscht hatte, zog einer der Teilnehmer, der nicht zur Christengemeinde gehörte, ein Papyrusblättchen hervor und reichte es Matthäus: „Ich habe da etwas erhalten, was dich vielleicht interessieren könnte. Meine Frau hat mir davon erzählt, daß du an einer Erzählung über euren Jesus, den ihr Christus nennt, arbeitest. Da habe ich gedacht, das wäre was für dich."

Matthäus nahm das Blatt und las. Es enthielt ein Gleichnis Jesu, das er noch nicht kannte. Da war die Rede von einem Weinbergbesitzer, der zur Zeit der Traubenlese bei Tagesanbruch auf den Marktplatz geht, auf dem sich die arbeitsuchenden Tagelöhner versammeln. Nach Einigung über einen Denar als Tageslohn schickt er sie in seinen Weinberg. Auch um die dritte, sechste und neunte Stunde findet er Arbeitswillige. Selbst eine Stunde vor Sonnenuntergang stehen noch einige Arbeitsuchende auf dem Platz. Auch sie fordert er zur Arbeit in seinem Weinberg auf. Bei der Entlohnung erhalten die zuletzt Gekommenen einen Denar. Als dann die zuerst Gekommenen an der Reihe sind und ebenfalls – wie vereinbart – einen Denar erhalten, beginnen sie zu murren: 'Diese letzten haben nur eine Stunde gearbeitet, und du hast sie uns gleichgestellt; wir aber haben den ganzen Tag über die Last der Arbeit und die Hitze ertragen.' Da erwiderte er einem von ihnen: 'Mein Freund, dir geschieht kein Unrecht. Hast du nicht einen Denar mit mir vereinbart? Nimm dein Geld und geh! Ich will dem letzten ebensoviel geben wie dir. Darf ich mit dem, was mir gehört, nicht tun, was ich will? Oder bist du neidisch, weil ich gütig bin?'"

Matthäus nahm das Blatt von den Augen.

„Na, was meinst du? Wenn unsereiner so handeln würde, könnten wir unsere Geschäfte bald vergessen."

„Das sehe ich auch so," stimmte Matthäus zu.

„Aber wie kann dann euer Jesus eine solche Geschichte erzählen – vorausgesetzt, daß er sie überhaupt erzählt hat. Das läßt ihn doch, zumindest in meinen Augen, reichlich wirklichkeitsfremd erscheinen."

„Wenn du die Geschichte als eine Anweisung für die Entlohnungspraktiken von Weinbergbesitzern oder sonstigen Arbeitgebern verstehst, hast du auf jeden Fall recht. Eine derartige Großzügigkeit und Handlungsweise würde bald in den wirtschaftlichen Ruin führen."

„Und wie soll ich die Geschichte verstehen?"

„Darüber habe ich noch nicht nachdenken können. Ich habe sie ja gerade erst gelesen," erwiderte Matthäus. „Aber ich will wenigstens eine vorläufige Antwort versuchen. Es handelt sich hier um ein Gleichnis. Gleichnisse wollen etwas vergleichen und nicht etwas anordnen. Sie wollen nachdenklich stimmen, einen Denkanstoß geben. Ich könnte mir vorstellen, daß Jesus das Gleichnis erzählt hat, um sich vor seinen Kritikern zu rechtfertigen. Die hatten darüber gemurrt, daß er sich um Menschen kümmert, deren Gesellschaft man sonst lieber meidet – um die Zollpächter, die nicht nur mit den Römern kollaborierten, sondern auch noch kräftig in den eigenen Geldsäckel wirtschafteten; um die Prostituierten, die zwar einerseits den Männern für ihre Lustbefriedigung willkommen, andererseits von ihnen gesellschaftlich geächtet waren; um die Kranken und Aussätzigen, von denen man annahm, daß ihre Krankheit die Folge irgendeiner Schuld ist. Man murrte gegen Jesus, weil er gut war. Gut zu allen. Vielleicht will Jesus seinen Zuhörern und Kritikern sagen:

Ihr habt keine Ahnung von der Herrschaft Gottes! Gott ist nicht so, wie ihr meint. Gott ist kein Vertreter des bloßen Rechtsstandpunktes wie ihr. Vielmehr will er, daß alle das für sich und für ihre Familie Lebensnotwendige erhalten. Das ist, mit dem Gleichnis gesprochen, ein Denar.[48] Jesus argumentiert nicht in diesem Gleichnis, sondern er schockiert. Oder, wenn dir das besser gefällt, er provoziert: *So* gütig ist Gott, *so* gütig, wie nur die Liebe sein kann. Gott ist *die* Liebe" *(1 Joh 4,8.16)*.

„Hm, wenn man das so sieht," meinte sein Gesprächspartner. „Aber ich frage mich dann, was dieses Gleichnis für euch Christen heute zu sagen hat. Oder was es mir, dem Nicht-Christen, sagen könnte?"

„Daß jener Gott, an den du vielleicht auch glaubst, selbst wenn du ihm einen anderen Namen gibst, ein gütiger, liebender, barmherziger Gott ist."

„Und wenn ich nicht an Gott glaube?"

„Dann solltest du dich nachdenklich stimmen lassen. Das Gleichnis will zwar in erster Linie etwas über Gott sagen, aber es sagt auch etwas über die Menschen und ihr Handeln."

„So?"

„Ja. Juden und Christen glauben daran, daß der Mensch als Ebenbild Gottes geschaffen ist. Daß er also Gott abbildet. Und wenn es im Gleichnis heißt, daß Gott gütig ist, dann sollten sich auch die Menschen darum bemühen, gütig zu sein, weil sie ja Gott abbilden sollen. Und weil Gott hier mit einem Weinbergbesitzer verglichen wird, meine ich, daß wir Arbeitgeber und Unternehmer uns ein Stück davon abzuschneiden haben. Wir sollten uns vom Gleichnis und vom Handeln des gütigen Weinbergbesitzers die Frage gefallen lassen, ob wir durch die Arbeit nur reich werden wollen oder ob wir mit den Löhnen verantwortlich umgehen, ob auch die Ehefrau und die Kinder noch davon leben können. Als Arbeitgeber haben wir eine Fürsorgepflicht nicht nur für unsere Arbeitnehmer, sondern auch – wenn auch in eingeschränktem Maße

– für deren Angehörige. Und in gewisser Weise tragen wir sogar Mitverantwortung für jene, die arbeiten wollen, aber nicht arbeiten können, weil sie keine Arbeit finden, weil sie krank sind oder weil wir ihnen zeitlebens soviel Arbeit aufgebürdet haben, daß ihre Arbeitskraft frühzeitig erschöpft war."

„Das Gleichnis spricht also doch nicht nur von dem, was Gott tut oder nicht tut. Es stellt auch einen Anspruch an uns."

„Da hast du sicher recht. Mir fällt noch ein weiterer Gesichtspunkt ein, der mit dem Gleichnis angesprochen wird. Der Weinbergbesitzer tadelt die Arbeiter, die zur ersten Stunde gekommen sind, weil sie anfangen zu rechnen: 'Wenn die zuletzt Gekommenen einen Denar für eine Stunde Arbeit bekommen, dann müßten wir für 11 Stunden Arbeit elfmal soviel erhalten. Und noch einen Zuschlag für die ungünstige Arbeitszeit während der Mittagshitze'. Sie bestehen auf dem Recht, das sie errechnen."[49]

„Diese Mentalität des Einander-Vorrechnens ist weit verbreitet. Das sehe ich auch so. Wir alle neigen dazu, anderen ihre Fehler und Versäumnisse vorzurechnen. Wir beanspruchen, daß unsere Verdienste und Leistungen gebührend berücksichtigt und daß wir dafür honoriert werden. Wir rechnen miteinander in Ehe, Familie, Freundschaft, in fast allen zwischenmenschlichen Beziehungen."

Matthäus dachte daran, daß auch die Christen in ihrem Glauben rechnen. Die einen pochen darauf, daß sie die zuerst von Gott Erwählten gewesen sind. Sie wollen die besseren Plätze im Himmel erhalten. Sie wollen mehr erhalten als jene, die erst später zum Glauben gekommen sind – die Griechen, die Römer, die Heiden. Mehr als jene, die lange in Schuld und Sünde gelebt und sich erst spät bekehrt haben.

Jesus zeigt mit dem Gleichnis in aller Deutlichkeit auf, daß eine solche Gesinnung Gott zuwider ist. Der Lohn, den Gott zu geben hat, ist nicht aufgrund von Recht und Gerechtigkeit zu erlangen, auch nicht durch Leistung und Verdienst. Er beruht allein auf Gnade, auf freier Gabe Gottes. Und Gott, der die

Liebe ist, gibt das, was die Menschen zu einem erfüllten Leben brauchen.

„Hätte ich gar nicht gedacht, was sich hinter diesem simplen Gleichnis alles versteckt. Gut, daß ich den Zettel nicht weggeworfen habe. Wenn du ihn haben willst, kann ich ihn dir gerne überlassen."

„Darüber würde ich mich sehr freuen. Ich werde das Gleichnis einmal in unserer Versammlung vorlesen. Vielen Dank!"

Matthäus steckte den Zettel ein. Ihm war klar, daß er das Gleichnis nicht nur in der Gemeinde vorlesen würde. Nein, er würde es in sein Buch aufnehmen. Ein passender Ort dafür würde sich schon finden.

XII.

Wieder einmal mußte Matthäus für ein paar Tage verreisen. Er wollte in Aleppo einen seiner Zulieferer besuchen und mit ihm über einen neuen Auftrag sprechen. Aleppo lag etwa 50 Meilen östlich von Antiochia. Von den Römern war mitten durch die Wüste eine gute Straße gebaut worden, die die Stadt mit Antiochia im Westen und Mesopotamien im Osten verband. Auf ihr zogen täglich Karawanen dahin. Sie brachten die Schätze Indiens und Chinas nach Westen und die Kostbarkeiten der kunstverständigen Völker des Mittelmeeres nach dem Osten. Doch wichtiger als die Kostbarkeiten, die der Handel von Volk zu Volk bringt, war die Fracht der Gedanken und Ideen, die mit den Karawanen transportiert wurde. Aus dem Fernen Osten kam die Kunde vom Prinzen Gautama Buddha, der um 450 v.Chr. als Sohn eines Königs geboren wurde und mit 29 Jahren Haus und Hof verließ, um in der Einsamkeit die Liebe zu aller Kreatur zu lehren und die Lösung der Frage nach dem Sinn des Leidens zu suchen. Karawanenführer aus Persien brachten Kunde vom iranischen Propheten Zarathustra, der gelehrt hatte, daß es nicht eine Vielzahl von Göttern, sondern nur deren zwei gäbe, den guten Gott Ahura Mazda, den Schöpfer, Herrn und Richter, und seinen Gegenspieler Ahriman, den Gott alles Bösen. In umgekehrter Richtung waren aus Antiochia die ersten Zeugen des Evangeliums nach Edessa[50] und den Euphrat abwärts unterwegs.

Nachdem die Straße von Antiochia nach Aleppo das Tal des Orontes verlassen hat, durchquert sie zuerst die Steppenwüste, in der nur vereinzelt Disteln, Dornbüsche oder Gräser wachsen. Verschiedentlich säumen noch kleine, aus Lehmhütten bestehende Dörfer den Weg. Doch nach 20 oder 25 Meilen beginnt die Stein- und Sandwüste. Schier endlos zieht sich die Straße jetzt durch die eintönige Landschaft dahin. Hügel folgt auf Hügel, Welle auf Welle. Vom Kamm einer solchen Sandwoge aus sieht man an klaren Tagen unendlich weit. Die Wüste hat nichts zu verbergen, sie kann gar nichts verbergen. Alles liegt offen. Was sich den Augen darbietet, ist die unendliche Weite, das grenzenlose Nichts. Die Wüste ist leer. Und doch ist sie auf eigenartige Weise erfüllt. Erfüllt von einem großen, unsagbaren, schweigenden Geheimnis. Kein Laut dringt ans Ohr, kein Ton ist vernehmbar. Und dennoch ist das Schweigen der Wüste nicht sprachlos. Es spricht den Menschen an, nicht an der Oberfläche, sondern in der Tiefe, eindringlich und trotzdem behutsam. Das wahrhaft Große bedarf keines Lärms, es offenbart seine Macht und Erhabenheit in der Stille.

Hinter irgendeinem der schier unzähligen Hügel taucht endlich die Stadt auf, die sich mit scharfen Rändern gegen die Wüste abhebt, ein sandgelbes Häusermeer in strahlender Sonne. Darüber ragt auf einem steil ansteigenden Hügel die imposante Burganlage. Ungeheure Steinmassen sind auf dieser Erhebung getürmt, als wären vorweltliche Riesen hier am Werk gewesen. Angeblich wurde der Hügel künstlich angelegt; die Festung ruhe auf achttausend Säulen. Eine Brücke führt über einen tiefen Graben zu einem hohen Tor, das von zwei wunderlichen Löwenreliefs geschmückt ist. Der eine Löwe scheint den Besucher anzulachen, der andere macht ein trauriges Gesicht. Gewaltige Mauern mit mächtigen Wehrtürmen, sichere und tiefe Brunnen, riesige unterirdische Vorratsräume machten die Festungsanlage fast uneinnehmbar. Nur den Hethitern war das gelungen.

Matthäus war schon einige Male hier gewesen. Er hatte von der Zitadelle über die Stadt in die sonnenüberflutete Wüste geschaut. Er hatte die Löwenköpfe bestaunt, die ihn an die Löwen am Tor von Mykene, seiner griechischen Heimat, erinnerten. Er hatte auch jene Stätte besucht, an der sich angeblich das Grab des Zacharias, des Vaters Johannes' des Täufers, befindet.

Doch all das interessierte Matthäus diesmal nicht. Er war nach Aleppo gekommen, um neue Waren zu bestellen. Sein Zulieferer, von dem er bisher nur Rohprodukte aus Leinen, Schafwolle und Ziegenhaar erhalten hatte, zeigte ihm diesmal auch eine Reihe von Fertigwaren aus seiner Werkstatt. Mäntel zum Beispiel, die ungefähr 1,30 m x 1,20 m maßen und aus gestreiftem grobem Tuch bestanden. Sie wurden über eine oder auch über beide Schultern geworfen. Beim Schlafen diente der Mantel als Decke und durfte daher nicht gepfändet werden *(vgl. Ex 22,25f.; Dtn 24,13; Ri 4,18)*. Beim Gehen und bei der Arbeit wurde er abgelegt.[51] Dann breitete der Händler einige Unterkleider in verschiedenen Größen vor Matthäus aus. Sie waren aus Leinen gefertigt, einige hatten Ärmel, andere nicht. Auch einige mehrfarbige Wickelkleider führte er vor, die aus einem langen, mit wechselndem Muster gewebten Streifen Stoff bestanden, der spiralförmig um den Körper geschlungen wurde. Ferner gehörten zur Kollektion Hemden, die unter dem Unterkleid getragen wurden. Speziell für Frauen hatte der Händler schwarze, aber auch bunte Kopftücher anzubieten, die so lang waren, daß sie bis auf die Waden hinabfielen. Schließlich zeigte er Matthäus noch einige besonders wertvolle Oberkleider aus dünnem Stoff für besonders festliche Anlässe. Neben den vorzugsweise in weiß gehaltenen Gewändern gab es, allerdings zu erheblich höheren Preisen, noch einige in Byssus, Purpur und Scharlach.

„Finden denn diese teuren Kleider auch hier in Aleppo Abnehmerinnen? Oder besser: Abnehmer?“, wollte Matthäus wissen. „Denn eine Frau läßt sich doch wohl kaum bei dir blicken, um ein Geschäft abzuschließen. Das ist Männersache.“

„Durchaus. Aber gerade bei den Männern habe ich es schon manchmal mit einem Trick geschafft. Einmal kam einer zu mir, um Waren zu bestellen. Und ‘zufällig’ trat wenig später auch meine Frau in den Raum, um mich etwas ‘Dringendes’ zu fragen. Sie hatte eins von den Pupurkleidern angezogen, offenbar um meinem Kunden sozusagen ‘Appetit’ zu machen. Kaum war sie wieder weg, fragte er nämlich, ob ich so ein Gewand oder etwas Ähnliches auch zu verkaufen hätte – für seine Lieblingsfrau. Als ich das bejahte und ihm einige Kleider zeigte, nahm er gleich eins mit. Und das mache ich jetzt öfter so. Wenn ein Kunde kommt, der meine teuren Kleider noch nicht gesehen hat, erscheint ‘ganz zufällig’ meine Frau mit einer ‘dringenden Frage’ – und nicht selten kauft er dann eines dieser Gewänder.“

„Seid klug wie die Schlangen und arglos wie die Tauben,“ entfuhr es dem Matthäus *(vgl. Mt 10,16)*.

„Was meinst du da?“, wollte der Händler wissen.

„Ach, das ist ein Wort, das ich von einem jüdischen Rabbi gehört habe.“

„Und wie kommt der darauf, die Schlangen ‘klug’ zu nennen? Ich finde sie eher höchst hinterlistig.“

„Da fragst du mich zuviel,“ meinte Matthäus. „Aber trifft nicht beides auf deine Taktik zu? Klug bist du, daß du einen solchen Trick anwendest. Ein Dummkopf wäre wohl nicht darauf gekommen. Aber zumindest ein bißchen hinterlistig ist deine Vorgehensweise auch, weil du die Eitelkeit, die Habgier und den Geltungsdrang der Männer auszunützen weißt.“

Beide lachten. „Aber weil du ein kluger Mann bist,“ beeilte sich der Händler zu versichern, „habe ich diese Hinterlist bei dir nicht angewendet.“ Und er klopfte dem Matthäus auf die Schulter.

„Eines von deinen Prachtexemplaren möchte ich trotzdem kaufen. Deine Rede hat mich dazu verlockt. Und natürlich auch die Qualität“, sagte Matthäus schmunzelnd und suchte sich in Ruhe ein Kleid aus, von dem er meinte, daß es seiner Frau gefallen würde. „Ich werde meine Frau damit überraschen.“ Und beide hatten wieder kräftig zu lachen.

Bei einer Tasse Tee kamen die beiden Männer ins Gespräch. „Du hast dein Angebot wieder erweitert. Die Geschäfte gehen also gut?“

„Eigentlich ja. Aber in letzter Zeit habe ich einige Abnehmer meiner teureren Kleider verloren. Wie ich hörte, steckt da irgendeine etwas seltsame religiöse Idee dahinter. Sie bilden sich ein, auf die Lehre eines jüdischen Wanderpredigers hören zu müssen, der angeblich gesagt hat, daß man sich nicht um Kleidung und Nahrung kümmern soll, die Vögel täten das auch nicht, und der Himmel würde sie trotzdem ernähren und kleiden.“

Matthäus kannte die Worte, auf die sein Handelspartner hier anspielte. Sie standen in seiner „Redenquelle“ als Worte Jesu *(Mt 6,25-34)*. Allerdings hatte er, als er sie dort entdeckte, nicht geahnt, daß irgendwer daraus die Folgerung ziehen würde, sich nicht mehr um Kleidung und Nahrung kümmern zu sollen.

Der Händler bemerkte, daß Matthäus über etwas nachdachte, und schaute ihn fragend an.

„Ja, mir sind diese Worte auch bekannt. Sie stammen von Jesus von Nazaret, einem jüdischen Wanderprediger, der vor gut 60 Jahren in Palästina gelebt hat. Dieser Mann findet mit seiner Lehre immer mehr Anhänger. Auch in Antiochia gibt es viele Menschen, die sich das, was er gesagt hat, als Richtschnur für ihr Leben nehmen. Und ich muß dir gestehen: Ich gehöre auch dazu."

„Was, du? Ich dachte, du seiest ein Grieche, der an Zeus und Apollo und die schöne Helena glaubt. Aber das ist deine Privatsache. In jedem Fall: Du läufst nicht in Lumpen herum. Und für deine Frau hast du mir sogar ein teures Kleid abgekauft. Oder gehört sie etwa nicht zu den Anhängern dieses Jesus?"

„Doch, sie gehört dazu. Aber wir beide verstehen seine Worte nicht als Anweisung zum Faulenzen und Nichtstun. Im übrigen: Auch die Vögel sorgen sich um ihren Nachwuchs und bauen Nester; und der Himmel ernährt keineswegs alle: Manche verhungern, weil sie keine Nahrung finden..."

„... und bei den Menschen fallen diejenigen, die sich selbst um nichts kümmern, anderen zur Last. Die lassen dann andere für sich arbeiten. Wir müssen uns abrackern, damit wir ihnen ein Almosen geben können. Interessant, daß du die Worte dieses Jesus nicht so verstehst, wie meine ehemaligen Kunden. Ich hatte ihn schon für einen Menschen gehalten, der in unverantwortlicher Weise die Leute zu einer gefährlichen und sozial höchst problematischen Sorglosigkeit auffordert."

„Nein, das wäre sicher falsch. Seine Worte darf man nicht als konkrete Handlungsanweisung verstehen, sondern als Provokation. Sie sollen die Menschen nachdenklich stimmen. Sie sollen sich fragen, ob sie alles, was sie vermeintlich unbedingt für ihre Nahrung und Kleidung brauchen, auch wirklich haben müssen. Im übrigen, das möchte ich dir auch noch sagen, ist das, was du vorhin als Worte des Rabbi Jesus erwähnt hast und auf das sich deine Kunden berufen, nur die Hälfte der Rede. Das Wichtigste kommt nämlich danach: 'Euch muß es zuerst um das Reich Gottes und um seine Gerechtigkeit gehen' *(Mt 6,33)*. Ich verstehe das so: Wem es wirklich um die Sache Gottes geht, für den wird die Sorge um Nahrung oder Kleidung ziemlich zweitrangig und belanglos. Wer seine Augen nicht vor der Welt um sich herum verschließt, der wird nämlich schnell merken, daß es Wichtigeres zu tun gibt, als sich Gedanken zu machen, was man morgen wohl für Leckerbissen auf den Tisch bringt und welches Kleid man zum Pferderennen anziehen soll. Der wird nämlich entdecken, daß die Kranken und Behinderten, die Armen und Hungernden, die Alten und Gebrechlichen um ihn herum von ganz anderen Sorgen geplagt sind."

Spät trat Matthäus die Heimreise an. Lange noch hatte er sich mit seinem Handelspartner unterhalten, dessen Interesse an Jesus von Nazaret er hatte wecken können.

XIII.

Nur wenige Tage, nachdem Matthäus von seiner Reise zurückgekehrt war, bat ihn Ignatios um eine Unterredung. Matthäus vermutete gleich, daß er das Problem mit dem Mehrheitsbeschluß in Sachen Ehescheidung noch nicht richtig verdaut hatte und daß er deshalb mit ihm sprechen wollte.

So war es auch.

Nachdem Ignatios in der Arbeitsecke des Männerraumes Platz genommen hatte, kam er ohne Umschweife zur Sache: „Matthäus, du ahnst vermutlich, weshalb ich mit dir reden möchte. Mir liegt unser Beschluß von neulich noch im Magen. Meine Bedenken habe ich damals deutlich zum Ausdruck gebracht. Ich kann mich einfach nicht damit abfinden, daß die Gemeinde die Vollmacht haben soll, so weitreichende Beschlüsse zu fassen. Und je mehr ich darüber nachdenke, desto mehr drängt sich mir eine andere Frage auf, die die Entscheidungsbefugnisse der Gemeinde betrifft. Was sollen wir denn machen, wenn ein gravierender Fall von Ehebruch oder auch ein anderes schweres Vergehen in der Gemeinde vorkommt? Sollen wir dann jedesmal eine Gemeindeversammlung einberufen, vor der sich der oder die Betroffene rechtfertigen muß, und die dann entscheidet, ob ihm oder ihr vergeben werden kann oder nicht? Denk doch auch mal an mögliche unterschiedliche Praktiken in den verschiedenen Gemeinden. Wenn die eine Gemeinde, meinetwegen wir hier in Antiochia, beim gleichen Tatbestand jemand von seiner Schuld löst und eine andere Gemeinde, vielleicht die in Damaskus, ihn darin gebunden läßt, dann weiß bald niemand mehr, was Sünde und was Schuld ist."

„Da hast du sicher recht," versuchte Matthäus ihm entgegenzukommen. „Das Problem liegt aber meines Erachtens tiefer. Die Gemeinde kann von außen sowieso nicht feststellen, ob einer wirklich subjektiv Schuld auf sich geladen hat oder nicht. Sie kann nur sagen: 'Was du getan hast, ist objektiv schwere Schuld, weil es eine wichtige Sache betrifft und weil dadurch dem Ansehen unserer Gemeinde beträchtlicher Schaden zugefügt wird'. Dann liegt es am einzelnen, ob er das einsieht und umkehrt oder ob er uneinsichtig bleibt und in seinem Zustand verharrt. Wenn er es einsieht, können wir sagen: 'Wir lösen dich von deiner Schuld, weil du sie bereust und den Schaden wiedergutmachen willst. Wir nehmen dich wieder voll in unserer Gemeinschaft auf, aus der du dich durch dein Tun selbst ausgeschlossen hast. Und wir glauben und vertrauen, daß unser Urteil auch das Urteil des auferweckten und unter uns weilenden Jesus ist. Daß auch er dir deine Schuld verziehen hat. Bleibt der Betreffende aber uneinsichtig und ist er nicht zur Umkehr bereit, können wir ihm das nur bestätigen: 'Du willst dich nicht lösen von deiner Schuld, du willst in den Fesseln, die du dir selbst angelegt hast, gebunden bleiben. Dann können wir dich nicht davon lösen. Und auch Gott kann das nicht, weil er die Freiheit deiner Entscheidung respektiert'."

„Das mag theologisch richtig sein," entgegnete Ignatios. „Meine Bedenken sind aber vor allem praktischer Natur. Ein solches Verfahren ist nur durchführbar, wenn die Gemeinde klein ist. Aber wir beide haben doch die Hoffnung, daß unsere Gemeinden größer werden. Und was machst du dann? Willst du jedesmal zweihundert oder vierhundert oder tausend oder noch mehr Leute einberufen, um einen solchen Fall zu regeln? Obendrein wächst mit der Zahl der Gläubigen vermutlich auch die Zahl der Sünder. Da kann doch nicht alle paar Wochen eine Gemeindeversammlung stattfinden, nur um zu klären, ob hier gelöst oder gebunden werden soll."

„Ich meine, es genügt schon, wenn sich zwei oder drei im Namen Jesu versammeln" *(vgl. Mt 18,20)*.

„Aber dann müßte es sich doch wohl um Leute handeln, die dieses Amt über eine längere Zeitspanne hinweg wahrnehmen," parierte Ignatios. „Sonst passiert es, daß einmal die Milden und Gütigen dran kommen, die alles durchgehen lassen, und einmal die Strengen und Unnachgiebigen."

„Da hast du nicht unrecht," mußte Matthäus eingestehen. „Was schlägst du vor?"

„Ich bin dafür, daß nicht in der einen Gemeinde so und in der nächsten anders entschieden wird. Es sollten überall einheitliche

Maßstäbe gelten. Das kann am besten geschehen, wenn die Vollmacht zum Binden und Lösen in einer einzigen Hand liegt. Wenn alles zentral geregelt ist. Dazu rechne ich nicht nur Fragen der Gemeindedisziplin, sondern auch Fragen der Lehre. Ich wünschte mir, daß es für unsere Christengemeinden so etwas wie einen Kaiser gibt, der über das gesamte Imperium allein regiert und einheitlich für alle Dörfer und Städte entscheidet."

„Eine Kirche, die regiert wird wie ein Staat?", hakte Matthäus mit einer Miene nach, die deutlich sein Mißfallen an diesem Vorschlag erkennen ließ.

„Warum nicht? Auch Gott regiert wie ein König."

„Aber Jesus hat die beiden Söhne des Zebedäus ganz schön zusammengestaucht, als sie den Wunsch äußerten, im kommenden Gottesreich zur Rechten und zur Linken des Herrn sitzen und über die Völker herrschen zu dürfen: 'Ihr wißt, daß die, die als Herrscher gelten, ihre Völker unterdrücken und die Mächtigen ihre Macht über die Menschen mißbrauchen. Bei euch soll es nicht so sein' *(Mk 10,35-43)*. Wer garantiert, daß ein solches Oberhaupt der Kirche, wie du es dir offenbar wünschst, nicht auch in derartige Praktiken verfällt und unkontrolliert Macht ausübt?"

„So stelle ich mir die kirchliche Monarchie nicht vor. Es sollte eine Hierarchie, eine '*heilige* Herrschaft', sein..."

„...aber eben doch eine *Herr*schaft. Jesus wollte genau das Gegenteil: 'Wer bei euch groß sein will, der soll euer Diener sein, und wer bei euch der Erste sein will, soll der Sklave aller sein...'" *(Mk 10,43 f.)*.

„...eine väterliche Herrschaft," fuhr Ignatios unbeirrt und etwas verärgert fort.

„Auch das ist kaum im Sinne Jesu," unterbrach ihn Matthäus wieder. „'Ihr sollt euch nicht Rabbi nennen lassen; denn nur einer ist euer Meister, ihr alle seid Brüder. Auch sollt ihr niemand auf Erden euren Vater nennen; denn nur einer ist euer Vater, der im Himmel. Auch sollt ihr euch nicht Lehrer nennen lassen; denn nur einer ist euer Lehrer. Wer sich selbst erhöht, wird erniedrigt, und wer sich erniedrigt, wird erhöht werden" *(Mt 23,8-12)*.

„Jetzt laß mich mal meine Idee vortragen," beharrte Ignatios mit wachsender Ungeduld. „Ich denke hier an das Vorbild der Zwölf. Du weißt, daß Petrus seinen Namen von Jesus selbst erhalten hat..."

„Genau, er nannte ihn Kepha. Dieses aramäische Wort bezeichnet in der Regel einen *runden* Stein, egal ob es sich dabei um einen Stein oder Edelstein, um ein Hagelkorn oder um einen festen Klumpen handelt.[52] Jesus hat wahrscheinlich an einen Stein oder sogar an einen Edelstein gedacht, wenn es sich schon um einen Ehrennamen handeln sollte.[53] Aber", Matthäus unterbrach sich selbst, „genau genommen hätte Jesus den Petrus eher als Halbedelstein bezeichnen sollen, denn der ehemalige Fischersmann hat sich häufig genug als gar nicht so edel erwiesen." Matthäus lachte über seinen Witz, Ignatios lächelte nur dünn.

„Vielleicht hat Jesus die Härte und Entschlossenheit des Simon gemeint..."

„...mit der es bekanntlich auch nicht so weit her war."

Ignatios tat so, als habe er diesen Einwand überhört. „Vielleicht hat Jesus an einen freistehenden Felsen gedacht, wie man sie etwa in Petra antrifft..."

„...womit wir beim griechischen Namen Petrus wären."

„Genau! Petra bedeutet im Griechischen nichts anderes als Stein oder Fels," fuhr Ignatios fort. „Auf jeden Fall hat zumindest der griechische Name 'Petrus' keine negative Bedeutung. Wie dem auch sei, Tatsache ist, daß Petrus, dieser 'Edelstein', wie ich ihn einschätze, oder dieser 'Halbedelstein', wie du ihn siehst, eine wichtige Rolle bei den Zwölfen spielte und später, nach der Auferweckung Jesu, auch in der Jerusalemer Gemeinde. Und nicht nur dort. Ich weiß nicht, ob du schon hier gewohnt hast, als Petrus nach seinem Aufenthalt in Jerusalem Bischof unserer Gemeinde war."

„Nein, da war ich noch nicht hier. Aber ich weiß es natürlich. Daß Petrus eine bedeutende und einflußreiche Gestalt in der jungen Gemeinde war, kann man ja auch daran erkennen, daß Paulus zwei oder drei Jahre nach seinem Berufungserlebnis von Damaskus eigens nach Jerusalem gereist ist, um Kephas kennenzulernen" *(Gal 1,18)*.

„Aha, jetzt kommen wir einander schon näher. Petrus war der erste Jünger, den Jesus berufen hat..." *(Mk 1,16)*.

„Ja? Mir wurde gesagt, es seien sein Bruder Andreas und ein anderer Unbekannter gewesen" *(vgl. Joh 1,35-40)*.

Ignatios ließ sich nicht beirren: „Im Haus des Petrus war Jesus öfter zu Gast und heilte sogar dessen Schwiegermutter vom Fieber *(Mk 1,29-31)*. Niemand anderem erlaubte er, ihm ins Haus des Synagogenvorstehers zu folgen, außer Petrus und den Zebedäussöhnen *(Mk 5,37)*. Diese drei hatten auch die Vision des verklärten Jesus, von der Markus erzählt. Petrus war offenbar der Sprecher der drei *(Mk 9,2-8)*. Und schließlich war es Petrus, der Jesus die Treue gelobte..." *(Mk 14,29)*.

„...was er lieber hätten bleiben lassen sollen. Denn kurz darauf konnte er sich vor lauter Angst nicht mehr an Jesus erinnern und behauptete, er kenne ihn gar nicht" *(Mk 14,66-72)*.

„Und trotzdem war er der erste, dem der Auferweckte erschienen ist..." *(1 Kor 15,5)*.

„...so schreibt es Paulus. Bei Markus ist davon die Rede, daß Jesus zuerst einigen Frauen erschienen ist, Maria von Magadala und der anderen Maria, der Mutter des Jakobus, und Salome *(Mk 16,1-8)*. Aber das steht auf einem anderen Blatt."

„Richtig! Bleiben wir beim Thema Petrus. Du hast ja vorhin selbst gesagt, daß er in der Jerusalemer Christengemeinde eine herausragende Rolle gespielt hat..."

„...allerdings erwähnt ihn Paulus in seinem Brief an die Gemeinden in Galatien erst an zweiter Stelle – nach Jakobus, dem Bruder Jesu" *(Gal 2,9)*.

„Unterbrich mich doch nicht immerfort!" Ignatios wurde langsam ärgerlich. „Laß mich endlich einmal meine Überlegungen in Ruhe vortragen."

„Entschuldige, Ignatios, ich werde jetzt mein loses Mundwerk zügeln," beteuerte Matthäus, dem seine Besserwisserei nun selbst etwas peinlich war.

„Ich wollte nur noch daran erinnern, daß Paulus 14 Jahre nach seinem ersten Besuch bei Petrus nochmals nach Jerusalem gereist ist, um sich mit ihm und den 'Säulen' der Gemeinde zu treffen. Die haben Paulus erst einmal offiziell als Apostel anerkannt und dann entschieden, daß er das Evangelium unter den 'Unbeschnittenen' verkünden soll, während sie weiter unter den 'Beschnittenen' wirken wollen" *(Gal 2,1-10*[54]*)*.

„Darf ich...", meldete sich Matthäus vorsichtig zu Wort.

„Ja, ich kann mir schon denken, was du sagen willst. Daß es kurz danach hier in Antiochia zu einer heftigen Auseinandersetzung zwischen ihm und Paulus kam, weil Petrus keine klare Haltung zeigte und ihm Paulus deswegen 'ins Angesicht' widerstand *(Gal 2,11-14)*. Doch das ändert alles nichts an der Tatsache, daß Petrus trotz seiner gelegentlichen Wankelmütigkeit auch für Paulus zu den 'Angesehenen' und zu den 'Säulen' der Kirche gehörte. Er war, so sehe ich es jedenfalls, geradezu *die* zentrale Figur beim Aufbau der christlichen Gemeinden. Bei ihm liefen die Fäden zusammen. Deswegen ist er auch nach seiner kurzen Tätigkeit als Bischof hier in unserer Gemeinde nach Rom gegangen, um von der Hauptstadt des Imperiums aus das Geschehen besser übersehen und lenken zu können. Deswegen gebührt dem Bischof von Rom und seinen Nachfolgern der Vorrang im Glauben und in der Liebe."[55]

Matthäus hatte aufmerksam zugehört. Er ahnte, worauf Ignatios hinaus wollte. „Willst du damit etwa sagen, daß dem Petrus von Jesus eine Art 'Amt' übertragen wurde? Womöglich noch mit Amtsnachfolgern? Willst du die Gemeinde von Rom und ihren Bischof gewissermaßen zum Lehrmeister aller christlichen Gemeinden machen?[56] Gerade auf dem von dir eben erwähnten Zusammentreffen des Paulus mit den 'Säulen' und den 'Angesehenen' wurde von denen nicht dekretiert, was Paulus zu tun und zu lassen habe, sondern es handelte sich bei der dort verhandelten Abgrenzung der Missionsgebiete um eine freiwillige Absprache unter gleichberechtigten Partnern.[57] Im übrigen scheinen die 'Angesehenen' Paulus gar nicht so furchtbar imponiert zu haben" *(vgl. Gal 2,6)*.

„Ich sehe das anders. Petrus entschied hier mit der ihm von Jesus übertragenen Vollmacht über die Legitimität der Predigt und der Missionsarbeit des Paulus", beharrte Ignatios.[58]

„Und mit dieser Deutung willst du deinen Wunsch untermauern, dem Petrus und womöglich auch noch den auf ihn folgenden Bischöfen von Rom eine Sondervollmacht zum Binden und Lösen für die gesamte Kirche einzuräumen?“

„Petrus hat unter den Zwölfen eine besondere Stellung eingenommen. Er hat von Jesus selbst den Ehrennamen ‘Petrus’ erhalten. Und er hat nach der Auferweckung Jesu anerkanntermaßen *die* Führungsrolle über die sich ausbreitende ‘katholische’[59] Christengemeinschaft übernommen. Also gewissermaßen die Stellvertretung Jesu.

Und nun mein spezielles Anliegen. Du hast vor einiger Zeit mit beredten Worten dargelegt, daß Jesus als der Auferweckte in seiner Gemeinde lebendig ist, daß er auch hier und heute zu uns spricht. Könntest du nicht in dein Evangelium eine Szene aufnehmen, in der diese Bedeutung des Petrus und seines ihm von Jesus übertragenen Amtes ganz deutlich zum Ausdruck gebracht wird? Vielleicht könntest du Jesus irgendwann bei passender Gelegenheit zu Petrus sagen lassen: ‘Du bist *Kepha*, und auf dieser *kepha* will ich meinen *kahal*, meine Gemeinde, bauen’.“

Erwartungsvoll schaute Ignatios zu Matthäus. Der runzelte deutlich die Stirn: „Also, um es klar herauszusagen: Ich bin von diesem Vorschlag nicht begeistert. Und ich will dir auch sagen, warum: Es könnte geschehen, daß irgendwelche ambitionierten Gemeindeleiter oder Gemeindeleiterinnen daraus Sondervollmachten ableiten. Es könnte sogar soweit kommen, daß man in Rom, der Hauptstadt des römischen Imperiums und der Grabstätte des Petrus, ihm zu Ehren einen riesigen Tempel oder eine Versammlungshalle errichten und an die Wände dieses Wort schreiben wird. Vielleicht wird der römische Gemeindeleiter aus dem Dienst, den er für die Gemeinde und für die Sache Jesu übernommen hat, ein eigenes Amt ableiten, das er für sich und für jeden römischen Bischof nach ihm beansprucht. Und vielleicht wird sich der römische Bischof dann wie ein Kaiser über die Christenheit fühlen und Macht über sie ausüben wollen. Und man wird dann jene verurteilen, die sagen, ‘der selige Apostel Petrus sei nicht der von Christus, dem Herrn, eingesetzte Fürst aller Apostel und das sichtbare Haupt der ganzen streitenden Kirche oder derselbe habe nur einen Ehren-, nicht aber einen wahren und eigentlichen Jurisdiktionsprimat von ebendiesem unserem Herrn Jesus Christus direkt und unmittelbar empfangen'."[60]

Matthäus hielt inne. Er hatte sich in Eifer geredet, als sei ihm eine Vision zuteil geworden. Erst nach einer Weile, als er sich wieder beruhigt hatte, fuhr er fort: „Falls ich das Wort doch in mein Evangelium aufnehmen sollte, dann werde ich auf jeden Fall nicht das aramäische Wort 'kepha' mit seinen vielen Bedeutungen verwenden, sondern das griechische Wort 'petra'. Das besagt wenigstens Stein oder Fels. Und das ergibt dann auch ein nettes Wortspiel: 'Du bist *Petrus*, und auf dieser *petra* will ich meine Kirche bauen'. Aber ich möchte dir nicht verschweigen, daß ich dieses Wort anders verstehe als du: Wenn Jesus sagt, daß er seine Gemeinde auf einen Fels gründet, dann verheißt er ihr Stabilität und Dauerhaftigkeit. Ein auf Fels gebautes Haus bleibt stehen und wird von keiner Flut weggerissen. Es gibt eine sehr alte Tempeltradition, die von einem 'Grund-Stein' spricht, der im Allerheiligsten aus dem Boden herausragt. Dieser Stein hat in der jüdischen Überlieferung eine doppelte Funktion: Er ist Eingang zur Himmelswelt, aber zugleich Verschlußstein gegenüber der Totenwelt.[61] Außerdem gilt in der rabbinischen Tradition Abraham als Fels, auf dem Gott die Welt gründete.[62] Den eigentlichen Grund für die Gemeinde hat Jesus selbst gelegt. Ohne Jesus kein Petrus. Petrus kann nur deshalb Grundlage sein, weil Jesus grundlegend ist. Wenn aber Jesus die eigentliche Grundlage, das eigentliche Fundament ist, dann ist genau genommen jeder Mann, der sich auf die Nachfolge Jesu einläßt, und jede Frau, die sich zu Jesus bekennt, ein Stein oder ein Fels, auf dem die Gemeinde aufgebaut ist. Was Petrus getan und gesprochen hat, seine entschlossene Bereitschaft zur Nachfolge und sein klägliches Versagen, sind typisch für das Christsein, das eingespannt ist zwischen Gnade und Schuld, zwischen Berufung und Sünde. *Dieses* Bild von Petrus, dem begnadeten Sünder, soll in der Gemeinde bewahrt werden, *weil* sie Gemeinde Jesu ist und *damit* sie Gemeinde Jesu bleiben kann."

Matthäus hielt eine Weile inne. „Die Sache Jesu muß weitergehen. Und es muß immer wieder Menschen geben, die sich von dieser Sache in Dienst nehmen lassen. Die Sache Jesu braucht keine 'Verwalter' oder 'Beamten', sondern 'Diener'. Wir brauchen kein 'Petrusamt', wohl aber einen 'Petrusdienst': die öffentliche Bezeugung des Glaubens an Jesus, den Messias, und die bleibende Verpflichtung der Gemeinde auf das 'Programm' Jesu."

Ignatios entschied sich, darauf nichts zu erwidern, obwohl diese Sicht der Funktion des Petrus seinem monarchischen Kirchenbild in keiner Weise entsprach. Aber er kalkulierte: Wenn das Wort vom Fels, auf den Jesus seine Kirche bauen will, erst einmal im Evangelium des Matthäus steht, dann wird es seine eigene Dynamik und Wirkungsgeschichte entfalten. Und die, so hoffte er, würde in die Richtung seiner Vorstellungen laufen. Er würde sich jedenfalls nach Kräften bemühen, *sein* Verständnis dieses Wortes in der Gemeinde zu verbreiten.

Ignatios verabschiedete sich freundlich. Er versäumte nicht, sich bei Matthäus für seine bisherige Arbeit am Evangelium zu bedanken. Aber Matthäus spürte, daß ihm in Ignatios ein ernsthafter Gegner erwachsen war, der ein gänzlich anderes Kirchenbild vertrat. Der sich auch nicht scheuen würde, öffentlich gegen ihn Position zu beziehen. Matthäus ahnte, daß es in der Gemeinde bald zu erheblichen Spannungen kommen würde.

XIV.

Nicht nur innerhalb der Christengemeinde kam es zu Spannungen. Auch im Verhältnis zu den Juden traten Konflikte zutage. Sie wurden deutlich, als Salmon, der Synagogenvorsteher, Matthäus um eine Unterredung bat.

Nach dem üblichen, kurzen Begrüßungszeremoniell begann Salmon zu erzählen: „Meine Tochter Alisa hat sich vor einiger Zeit in einen Christen verliebt.[63] Anfangs erschien alles unproblematisch. Johannes – er stammt aus unserer Hafenstadt Seleukia – stand unserem jüdischen Glauben ausgesprochen positiv gegenüber. Er lernte jüdische Gebete, feierte mit unserer Familie jüdische Feste und besuchte auch gelegentlich den Synagogengottesdienst. Besonders lobte er die koschere Küche. Eine Weile trug er sich sogar mit dem Gedanken, zum Judentum überzutreten. In der Christengemeinde von Seleukia sah man das freilich nicht gern. Es gab von Anfang an erheblichen Widerstand gegen die Ehe mit einer Jüdin. Die Probleme verschärften sich in dem Augenblick, als Alisa ein Kind erwartete. Falls es ein Junge werden sollte, war es für sie ganz selbstverständlich, daß er dann auch nach jüdischem Ritus am achten Tag beschnitten werden würde. Denn wer von einer jüdischen Mutter geboren wird, ist nach jüdischer Auffassung auch dann ein Jude, wenn der Vater des Kindes kein Jude ist. Aber mit der Beschneidung war Johannes nicht einverstanden. Als habe er nie zuvor Interesse für das Judentum gezeigt, entdeckte er mit einem Mal, wie wichtig es ihm war, seinen Sohn nach christlichen Grundsätzen taufen und erziehen zu lassen. Zu dieser veränderten Einstellung hatten ihn wohl einige Gemeindemitglieder überredet, die darauf hinwiesen, daß nach römischem Recht allein der Vater die volle hausherrliche Gewalt über das Kind besitzt.[64] Der Leiter der kleinen Christengemeinde habe sich sogar zu der Bemerkung verstiegen, daß durch die Taufe des Kindes einer jüdischen Mutter ‘ein Sieg des Christentums über das Judentum herbeigeführt werde, ohne daß die Christen es nötig hätten, ihre Zuflucht zu grausamen Mitteln zu nehmen'.[65] Als dann das Kind zur Welt kam – es war tatsächlich ein Sohn –, stimmte Johannes einer Beschneidung zwar zu, allerdings 'nur aus medizinischen Gründen', wie er betonte. Wenig später wurde das Kind getauft.[66] Für die Juden war es nun ein Jude, für die Christen ein Christ. Doch mit diesem 'Kompromiß' kehrte keinesfalls Ruhe ein. Immer wieder kam es zu Auseinandersetzungen zwischen Johannes und unserer Tochter. Darüber hinaus brachten weder die christliche noch die jüdische Gemeinde Verständnis für die 'Mischehe' auf. Mein Kollege, der Synagogenvorsteher von Seleukia, sagte zu meiner Tochter nach einem Gottesdienstbesuch: 'Ich hoffe, daß du deinen Mann nicht auch noch in die Synagoge mitbringst!' Alisa war zornig über soviel Unverständnis und Ablehnung, aber sie erzählte Johannes nichts davon. Sie vermied es jedoch, ihn zur Teilnahme am Synagogengottesdienst einzuladen. Auf der anderen Seite hat auch Johannes meine Tochter nicht zum christlichen Gottesdienst eingeladen, weil ja nur Getaufte dabei zugelassen sind. Beide, Johannes und meine Tochter, werden von ihren Gemeindemitgliedern gemieden. Man geht ihnen aus dem Weg. Eine gereizte, fast feindselige Stimmung und Haltung schlägt ihnen entgegen. Der Synagogenvorsteher hat sogar jeglichen Handel mit den 'Nazarenern' für immer verboten.[67] Damit hat er auch Johannes eine wichtige Einnahmequelle entzogen. Selbst die beste Freundin meiner Tochter will nichts mehr von ihr wissen. Die Eltern von Johannes haben jeden Kontakt zu uns abgebrochen. Angeblich haben sie uns als 'Gottesmörder und Verräter', als 'Verstockte und Unbußfertige' und als 'Menschen, die den Teufel zum Vater haben', beschimpft.[68] Wie es werden soll, wenn unser Enkel größer wird, wissen wir nicht. Wir befürchten, daß er dann von beiden Gemeinden als Außenseiter angesehen wird und sich darum weder zur jüdischen noch zur christlichen Gemeinde zugehörig fühlt. Und es wird wohl nur noch eine Frage der Zeit sein, bis die Ehe unserer Tochter mit Johannes völlig auseinanderbricht."

Matthäus hatte sich alles mit großer Aufmerksamkeit und mit wachsendem Erschrecken angehört. Es brauchte eine Weile, bis er seine Sprache wiedergefunden hatte. „Das ist ja entsetzlich," konnte er nur stammeln.

„Ja, das ist entsetzlich," stimmte Salmon lakonisch zu. „Zum Glück ist das nur ein Einzelfall.[69] Aus unserer Gemeinde hier in Antiochia ist mir bis jetzt etwas Ähnliches noch nicht bekannt geworden. Aber ich fürchte, es wird nicht mehr lange dauern, dann haben auch wir unseren 'Fall'. Mir ist das alles unbegreiflich. Wir sind doch alle Kinder des einen göttlichen Vaters. Jesus war Jude, seine Jüngerinnen und Jünger waren Juden, deine Frau Pnina ist eine Jüdin... Warum diese gegenseitigen Verdächtigungen und Beschimpfungen? Warum diese Feindschaft?"

„Ja, wenn ich das wüßte!" Matthäus zuckte die Schultern.

„Ich bemerke immer häufiger," sinnierte Salmon, „daß in meiner jüdischen Gemeinde Angst aufgekommen ist. Denn seit dem jüdischen Krieg und der blutigen Niederschlagung des Aufstands durch Titus befürchtet Rom, daß die Rebellion auf das Diaspora-Judentum übergreifen und daß es zu Unruhen im ganzen Reich kommen könnte. Und weil die Christen sich zum Messias bekennen, der bekanntlich nach verbreiteter Auffassung der Römerherrschaft gewaltsam ein Ende bereiten soll, sind die Christen für die Römer verdächtig. In den Augen der Römer könnten sie als antirömische Aufruhrbewegung erscheinen *(vgl. Apg 17,6)* oder als anti-römische jüdische 'Partei der Nazoräer' *(vgl. Apg 24,5)*. Offenbar befürchtet die jüdische Gemeinde, daß die Christen für eine jüdische Sekte gehalten und daß die Juden darum mit den Christen zusammen von den Römern in einen Topf geworfen werden."

Matthäus sah die Sache etwas anders: „Es könnte auch sein, daß Konkurrenzdenken eine Rolle spielt. Von jüdischen Kreisen wird das Eindringen der Christen in einen Bereich des Judentums mit Ablehnung beantwortet. Wie dir sicher bekannt ist, führten die Predigterfolge des Paulus in Damaskus zu massiven Abwehrmaßnahmen seitens der Synagoge *(Apg 9,20-25)*. Mir ist auch zu Ohren gekommen, daß in anderen Gemeinden manche 'Gottesfürchtige' von den Christen abgeworben wurden, ja daß sogar einige 'gottesfürchtige' Frauen selbst für die Christen Reklame machten."[70]

„Das geht genau in die Richtung, in der ich das Hauptmotiv für die Distanzierung sehe," meinte Salmon. „Vermutlich fühlen sich viele meiner jüdischen Glaubensgenossinnen und -genossen in ihrer eigenen religiösen Identität durch die Lehre und das Verhalten der Christusgläubigen beeinträchtigt. Die Christen nehmen nach wie vor eine tempelkritische Position ein, obwohl die Zerstörung des Tempels vor gut zwanzig Jahren auf alle Juden wie ein Schock gewirkt hat. Eigentlich hätte man annehmen können, daß auch die Christen zumindest darüber Betroffenheit erkennen lassen würden. Aber das geschah nicht. Im Gegenteil. Manche äußerten sich eher schadenfroh und betrachteten die Katastrophe als Strafe für die Hinrichtung Jesu durch die Römer, an der aber angeblich wir Juden schuld waren. Ferner lehnen Christen die Beschneidung und die Übernahme der Tora durch Christusgläubige ab. Und sie beziehen die Heiden in das Heil Israels mit ein. Das alles zeigt doch, daß sich die christliche Gemeinschaft in fundamentalen Überzeugungen vom Judentum unterscheidet."[71]

„Das läßt sich in der Tat nicht leugnen," mußte Matthäus zugestehen.

„Doch ich meine, wir sollten uns deswegen nicht auseinanderdividieren lassen. Wir, Juden und Christen, haben eine gemeinsame Wurzel. Und diese Wurzel ist heilig. Also sind auch die Zweige heilig, die aus dieser Wurzel hervorsprossen. Nicht wir tragen die Wurzel, sondern die Wurzel trägt uns *(vgl. Röm 11,16-18)*. In diese Wurzel sind einige Heiden, Griechen zum Beispiel, als neue Schößlinge eingepflanzt worden," – Salmon schaute Matthäus dabei herausfordernd, aber durchaus freundlich an – „und die werden ernährt von der Wurzel des guten Ölbaums.[72] Den Patriarchen Abraham haben Juden *und* Christen zum Vater. Die Tora, die Gott dem Mose gegeben hat, besitzt für Juden *und* Christen Gültigkeit. Das höchste Gebot, die Liebe zu Gott und dem Nächsten, ist für Juden *und* Christen in gleicher Weise bindend; es steht im Tanach *(Dtn 6,5; Lev 19,18.34)*, und Jesus hat eindringlich daran erinnert *(Mk 12,33)*. Der Bund, den Gott mit Mose und dem Volk geschlossen hat, ist nicht gekündigt; er bleibt bestehen für Juden *und* für Christen. Kurz: Der Glaube Jesu von Nazaret trennt uns nicht."

„Ich kann dir in allen Punkten zustimmen," ergänzte Matthäus. „Was uns trennt, ist der Glaube *an* Jesus. Auch für uns ist Jesus ein Prophet, ein wirklicher Bruder der Menschen.[73] Aber er ist für uns noch mehr. Er ist der 'Sohn Abrahams', der den Heiden das Recht verkündet *(vgl. Mt 1,1; 12,18)*, und der 'Sohn Davids',[74] der von Gott gesandte Retter und Befreier Israels. Er ist der Messias, der Christus."

„Aber selbst dann müssen unsere Wege doch nicht auseinandergehen," beharrte Salmon. „Für mich ist nicht die Frage entscheidend, ob der Messias gekommen ist oder nicht, sondern: Was erwarten wir eigentlich vom Messias?[75] Welche Art von Heil erwarten wir für uns selbst, für unser gebrochenes Sein, für unsere gebrochene Gesellschaft? Oder ganz konkret: Für die Rettung der Ehe zwischen einer Jüdin und einem Christen in Seleukia und anderswo? Für das Heil eines Kindes, das Jude *und* Christ ist, und das deswegen von Juden *und* Christen als Außenseiter betrachtet wird? Jesus hat doch, wenn ich richtig informiert bin, den Anbruch des Gottesreiches verkündet. Und dieses Gottesreich war für ihn keine äußere, politische Größe, sondern eine innere Wirklichkeit *(vgl. Lk 17,20f.)*, eine Kraft *(1 Kor 4,20)*. Es besteht in Gerechtigkeit, Friede und Freude *(Röm 14,17)*."

„Du zitierst ja Paulus!", unterbrach ihn Matthäus.

„Ganz genau! Ich habe seine Briefe mit Interesse gelesen. Und ich kann dir noch mehr zitieren: 'Die Werke des Fleisches sind: Feindschaften, Streit, Eifersucht, Jähzorn, Eigennutz, Spaltungen, Parteiungen, Neid und Mißgunst. Wer so etwas tut, wird das Reich Gottes nicht erben. Die Frucht des Geistes aber ist Liebe, Freude, Friede, Langmut, Freundlichkeit, Güte, Treue, Sanftmut und Selbstbeherrschung. Wenn wir aus dem Geist leben, dann wollen wir dem Geist auch folgen. Wir wollen nicht prahlen, nicht miteinander streiten und einander nichts nachtragen' *(Gal 5,19-26)*. Warum, frage ich mich, befolgt ihr Christen nicht seinen Rat? Warum tut ihr, die ihr glaubt, daß der Messias schon gekommen und daß das Reich Gottes mit ihm angebrochen ist, nichts, damit Johannes und Alisa etwas davon spüren?"

„Versteh mich bitte nicht falsch, Salmon, wenn ich jetzt zurückfrage – ohne alle Polemik: Warum tut ihr Juden, die ihr den Messias noch erwartet, nichts, damit seinem Kommen der Weg bereitet wird und damit Johannes und Alisa nicht in Finsternis leben müssen, sondern bei ihnen ein Licht aufstrahlt?“ *(Jes 60,1; 62,11)*.

„Du hast recht, Matthäus. Wir sollten uns stärker auf unser gemeinsames Erbe besinnen...“

„...und uns auf dieser gemeinsamen Grundlage um Zusammenarbeit bemühen,“ führte Matthäus den Gedanken Salmons fort. „Statt uns gegenseitig das Leben schwer zu machen, sollten wir uns für das Wohl des Menschen einsetzen, für sein Leben von der Empfängnis bis zum natürlichen Tod, zugunsten seiner Würde, seiner Freiheit, seiner Rechte. Wir sollten uns für eine Gesellschaft engagieren, die nicht feindselig, sondern freundlich und wohlwollend ist, wo die Gerechtigkeit regiert und wo in dieser Nation, in den Kontinenten und in der Welt der Friede herrscht, jener Shalom, der vom Gesetz, von den Propheten und von den Weisen Israels herbeigesehnt worden ist.“[76]

Noch eine Weile saßen Salmon und Matthäus zusammen. Erst spät am Abend trennten sie sich, nicht ohne sich vorher nochmals versichert zu haben, alles in ihren Kräften Stehende zu tun, um zu verhindern, daß die Wege der christlichen und jüdischen Gemeinden auseinandergehen.

Am nächsten Tag berichtete Matthäus seiner Frau Pnina über das Gespräch mit Salmon. Pnina zeigte sich sehr erfreut, daß beide eine hoffentlich fruchtbringende Zusammenarbeit vereinbart hatten. Sie fragte, ob Matthäus nicht in irgendeiner Form einen entsprechenden Aufruf zu Toleranz, Geduld und gegenseitiger Achtung in sein Evangelium aufnehmen könnte. Nur fiel ihm dazu kein Wort Jesu ein, weil der sich mit seiner Predigt grundsätzlich an Israel und nur an dieses gewendet hatte: „Ich bin nur zu den verlorenen Schafen des Hauses Israel gesandt“ *(Mt 15,24; vgl. auch Mt 10,5f.)*.[77] Außerdem wollte er ja möglichst beiden Gruppen ins Gewissen reden – den Juden und den Christen. Und am besten sollten die Heiden auch noch etwas damit anfangen können.

Pnina, an die er sich wieder einmal ratsuchend wandte, erzählte ihm die Geschichte mit Gamaliel. Der war ein angesehener Pharisäer und Gesetzeslehrer in Jerusalem. Bei einer Gerichtsverhandlung gegen einige Apostel wegen ihrer Predigt hatte er der Versammlung den Rat gegeben: Laßt von diesen Männern ab und gebt sie frei; denn wenn dieses Vorhaben oder dieses Werk von Menschen stammt, wird es zerstört werden; stammt es aber von Gott, so könnt ihr sie nicht vernichten; sonst werdet ihr noch als Kämpfer gegen Gott dastehen *(Apg, 5,21-39)*.

Matthäus fand die Geschichte gut. Aber wie sollte er sie im Evangelium unterbringen? Er konnte dieses Wort auf keinen Fall Jesus in den Mund legen. Sollte er es irgendeinen der Gegner Jesu sprechen lassen? Das ging auch nicht.

Nach langem Überlegen und Suchen stieß er im Markusevangelium auf das Gleichnis vom Wachsen der Saat: Während der Sämann schläft, wächst die Saat heran. Die Erde bringt von selbst ihre Frucht. Es muß nur gewartet werden, bis die Frucht reif ist *(Mk 4,26-29)*. Das wäre ein richtiger Ansatzpunkt – ein Aufruf zur Geduld.

Da fiel ihm noch eine andere Geschichte ein, die er irgendwann einmal gehört hatte.[78] Sie handelte von einem armen Bauern, der sein Vieh auf fremdem Grund hatte weiden lassen. Der Besitzer zeigte ihn an, und er wurde bestraft. Da nahm der Bauer Rache. Am Ende des Sommers ging er ins Tal hinunter, in dem Schilfgras wächst, mannshoch und mit Samenrispen wie das Kafferkorn. Er pflückte die Rispen, bis er seinen Mantel gefüllt hatte und warf den Schilfgrassamen auf das frisch gepflügte Feld des Reichen. Ehe das nächste Jahr kam, wucherte das Schilfgras hoch und erstickte die Aussaat.

Matthäus sah im Geiste die Felder und Äcker des Umlands von Antiochia vor Augen. Überall war von den Bauern guter Samen ausgesät worden. Aber nicht nur der ging auf, sondern auch Unkraut. Am rabiatesten war der Taumellolch. Er galt bei den Bauern als Entartung oder als verhexte Form des Weizens und war im Wachstumsstadium durch seine schmalen Blätter vom Weizen kaum zu unterscheiden.[79] Was sollte man gegen dieses Unkraut tun? Wie kommt überhaupt der Same des Taumellolchs unter den Weizen? War da ein mißgünstiger „Feind“ an der Arbeit? Sollte das Unkraut gejätet werden? Das würde vermutlich mehr Schaden als Nutzen bringen. Also bleibt nur eins übrig: Geduld bewahren! Nicht durch blinden Eifer zusätzlich Schaden anrichten! Beides zunächst wachsen lassen und erst am Ende trennen, wenn der „gute“ Weizen und der „schlechte“ Taumellolch deutlich zu unterscheiden sind!

Aus diesen Überlegungen und den Anregungen, die er von Pnina, von Markus und von der Erzählung mit dem Schilfgrassamen erhalten hatte, wollte Matthäus ein Gleichnis formen:[80] „Mit dem Himmelreich ist es wie mit einem Mann, der guten Samen auf seinen Acker säte. Während nun die Leute schliefen, kam ein Feind, säte Unkraut unter den Weizen und ging wieder weg. Als die Saat aufging und sich die Ähren bildeten, kam auch das Unkraut zum Vorschein. Da gingen die Knechte zu dem Gutsherrn und sagten: Herr, hast du nicht guten Samen auf deinen Acker gesät? Woher kommt dann das Unkraut? Er antwortete: Das hat ein Feind von mir getan. Da sagten die Knechte zu ihm: Sollen wir gehen und es ausreißen? Er entgegnete: Nein, sonst reißt ihr zusammen mit dem Unkraut auch den Weizen aus. Laßt beides wachsen bis zur Ernte. Wenn dann die Zeit der Ernte da ist, werde ich den Arbeitern sagen: Sammelt zuerst das Unkraut und bindet es in Bündel, um es zu verbrennen; den Weizen aber bringt in meine Scheune“ *(Mt 13,24-30)*.

Matthäus erschien das Gleichnis als ein unüberhörbarer Aufruf zur Geduld. Freilich, das war ihm bewußt, könnte es von anderen auch anders gedeutet werden – je nach ihren Interessen. Für die einen könnte es eine Antwort geben auf die alte und nie verstummende Frage, wie man mit der Tatsache umgehen soll, daß die Bösen in der Welt gedeihen und ungestraft ihr Unwesen treiben. Warum greift Gott nicht ein? Warum rottet er die Übeltäter nicht aus?

Andere könnten es auf die Christengemeinde in Antiochia selbst beziehen, in der es „Böse“ und „Schlechte“ gibt, trotz des guten Samens der Botschaft Jesu: Mitläufer, Leute, die sich

Christen nennen, aber in keiner Weise daran interessiert sind, wie Christen zu leben, auch Leute, die einen offenkundig sündhaften Lebenswandel führen. Denen, die sich eine „reine Gemeinde" wünschen, könnte das Gleichnis sagen: Eine sündelose Kirche ist eine Utopie. Auch Jesus hatte unter seinen Jüngern nicht nur „Gute". Selbst Petrus war alles andere als ein leuchtendes Vorbild für die Christengemeinde.

Wieder andere – und darum ging es Matthäus besonders – könnten darin abgebildet sehen das Verhältnis des christusgläubigen zum nicht-christusgläubigen Teil Israels. Die Verkündigung Jesu hat in Israel Feindschaft erweckt. Für die christlichen Gemeinden in Antiochia und anderswo wäre das Gleichnis eine Mahnung, die Scheidung vom jesusfeindlichen Teil Israels nicht vorschnell zu betreiben oder gar zu erzwingen. Wartet erst auf die Früchte! Und überlaßt das Gericht dem Herrn![81]

Für die jüdische Gemeinde (Matthäus würde das Gleichnis dem Salmon zukommen lassen) könnte es ähnlich heißen: Laßt euch nicht zu voreiligem Handeln gegen eure christusgläubigen Schwestern und Brüder hinreißen! Gott hat letztlich die Fäden in der Hand. Er weiß, daß alles auf ein Ziel zusteuert, das er gesetzt hat. Er weiß, daß der Weizen nicht zugrundegehen wird, sondern aufbewahrt ist, um in seine Scheunen eingesammelt zu werden. Wartet bis zur Ernte am „Tag des Herrn", an dem er „zu Gericht sitzen wird über alle Völker ringsum" *(Joel 4,12f)*.

Nach einigen Wochen wurde das Gleichnis beim Gottesdienst vorgelesen. Matthäus und seine Frau waren verreist und konnten nicht teilnehmen. So wurde zwar von den Anwesenden versucht, das Gleichnis auszulegen. Aber man konnte sich nicht einigen, wer mit dem „Acker", dem „Feind", dem „Taumellolch" und der „Ernte" gemeint sei. Die einen sahen in dem Gleichnis insgesamt die eigene Gemeinde abgebildet – die Reinen und Lauteren und jene, die wegen ihres Lebenswandels keine Zierde für alle seien. Andere vermuteten hinter dem „Taumellolch" die Abweichler, die Gotteslästerer, die Irrlehrer. Den „Acker" deuteten die einen als die Kirche, die anderen als die Welt. Den „Feind" hielten einige für den „Satan“, andere für „die Juden“, weil sie versuchten, jüdische Christusgläubige wieder zurückzuholen. Einige sahen im „Satan“ Mitglieder aus der eigenen Gemeinde, die durch ihr schlechtes Beispiel andere zum Bösen verführen. Selbst über die Deutung des „Gutsherrn“ waren sich nicht alle einig: War damit Gott oder Christus gemeint oder vielleicht auch nur der Gemeindeleiter oder einfach jeder, der das Wort Gottes verkündet? Lediglich über die Deutung der „Ernte“ herrschte in etwa Einigkeit: Damit war vermutlich das Endgericht angesprochen.

Man beschloß, bei Matthäus nachzufragen und ihn um eine kompetente und authentische Auslegung zu bitten.

Als Matthäus mit ihrem Anliegen konfrontiert wurde, war er zunächst unschlüssig, ob er das überhaupt tun solle. Denn eine solche Erklärung würde dem Gleichnis die Vielfalt der Deutungsmöglichkeiten nehmen. Und die hatte er ja gerade beabsichtigt. Doch die Gemeinde ließ nicht locker. So entschloß er sich zu folgender Erklärung:

„Der, welcher den guten Samen sät, ist der Menschensohn; der Acker ist die Welt; der gute Same, das sind die Söhne des Reichs; der Taumellolch sind die Söhne des Bösen; der Feind, der ihn säte, ist der Teufel; die Ernte ist das Ende der Zeit, die Schnitter sind die Engel. Wie nun der Taumellolch gesammelt und im Feuer verbrannt wird, so wird es am Ende der Zeit sein: Der Menschensohn wird seine Engel aussenden; und sie werden aus seinem Reich alle sammeln, die Anstoß geben und die gegen das Gesetz handeln, und sie in den Feuerofen werfen; dort wird Heulen und Zähneknirschen sein. Da werden die Gerechten wie die Sonne leuchten im Reiche ihres Vaters“ *(Mt 13,37-43)*.

Vor lauter Erklärungseifer vergaß Matthäus allerdings seine ursprüngliche Absicht. Er wollte ja mit dem Gleichnis zur Geduld ermahnen, zu göttlicher Geduld.

XV.

Matthäus hatte seit längerem bemerkt, daß in den Gemeindeversammlungen nicht alle seiner Meinung waren. Nicht alle dachten über Jesus und das, was er gelehrt hatte, wie er. Mehr und mehr mußte er erfahren, daß zunächst vorsichtig, bald jedoch immer offener von kleinen, aber hartnäckig arbeitenden Gruppen gegen „sein" Evangelium Stellung bezogen wurde. Vor allem Ignatios, und seine Gesinnungsgenossen gehörten dazu.

Immer wieder nahmen sie an Matthäus' Gemeindeverständnis Anstoß, das davon geprägt war, alle wichtigen Entscheidungen gemeinsam zu treffen. Es konnte ihrer Meinung nach nicht angehen, daß keine hierarchische Führungsstruktur in der Gemeinde erkennbar ist, daß nirgends bevollmächtigte, eigens und formell eingesetzte Amtsträger auftreten, daß vielmehr die ganze Gemeinde im Hören auf die überlieferte Botschaft Jesu und den Geist Gottes ihre Entscheidungen fällt. Bei jeder sich bietenden Gelegenheit warb Ignatios für seinen Gedanken einer „heiligen Herrschaft", einer Hierarchie. Die Gruppe wendete sich immer entschiedener gegen Mehrheitsbeschlüsse, wie sie in Sachen „Ehebruchsklausel" beim Scheidungsverbot zustande gekommen waren, und unterstellten eine laxe Handhabung der hier eingeräumten Möglichkeit der Ehescheidung. Sie polemisierten gegen die Praxis, daß Frauen gleichberechtigt mit Männern den Vorsitz bei der Eucharistiefeier innehaben, und forderten die Einrichtung eines „Petrusamtes" für die Gesamtkirche. Die Einzelgemeinden sollten hierarchisch strukturiert sein: an der Spitze der Bischof, unter ihm Presbyter und Diakone.[82]

Eine andere Gruppe von Gemeindemitgliedern, die aus dem Judentum gekommen waren, wollte durchsetzen, daß die Beobachtung der Tora und ihrer Entfaltung in den aus ihr abgeleiteten Verboten und Geboten, insbesondere der kultischen Reinheitsvorschriften, in Zukunft von allen Christinnen und Christen gefordert werden solle, also auch von jenen, die nicht als Jüdinnen oder

Juden geboren waren. Zwar war vor Jahren zwischen Petrus und Paulus eine Einigung darüber erzielt worden, daß diesen „Heidenchristen“ keine zusätzlichen Lasten auferlegt werden sollten *(vgl. Apg 15,28 f)*, doch erschien ihnen diese Regelung mit ihrer jüdischen Glaubenstradition nicht vereinbar. Sie widersprach ihrer Vorstellung von der unaufgebbaren Verbindlichkeit des einmal schriftlich fixierten Wortlauts der Tora.[83]

Wieder andere, und dazu gehörte eine vor allem aus Heidenchristen zusammengesetzte Gruppe, verlangten eine strengere Abgrenzung gegenüber den – wie sie es nannten – „verstockten und unbußfertigen Juden“ und nahmen in diesem Zusammenhang auch eine recht kritische Haltung gegenüber dem Tanach ein.

Darüber hinaus ärgerte sich Matthäus schon lange über einige Gemeindemitglieder, die sich für besonders vornehm hielten. Sie besaßen ein eigenes Haus und zählten zu den Reichen in der Stadt. Sie nahmen Anstoß daran, daß ihnen bei der Eucharistiefeier kein Ehrenplatz reserviert war und sie neben weniger gut gekleideten Frauen und neben Männern sitzen mußten, die noch nach Schweiß von der Arbeit rochen.

In den Quellen, die Matthäus für sein Evangelium heranzog, hatte er einiges Material gefunden, von dem er meinte, daß es sich zu einer Rede gegen all diese Gruppierungen verwenden ließe. Weil er die betreffenden Gemeindemitglieder nicht gegen sich aufbringen und es vielleicht sogar zu einer Spaltung in der Gemeinde kommen lassen wollte, beschloß er, sich indirekt an sie zu wenden. Das hatte er auch schon bei den „Jüngern“ so gehandhabt: Mit den Jüngern Jesu von damals meinte er auch die „Jünger Jesu heute“, die Gemeindemitglieder von Antiochia.

Matthäus kam auf den raffinierten Gedanken, als Adressaten seiner Drohworte an die Gemeindemitglieder heute „die Schriftgelehrten“ und „die Pharisäer“ von damals zu benennen.[84] So konnte er den Sack schlagen und den Esel meinen. Ein ganz gutes Gewissen hatte er dabei freilich nicht, obwohl es zumindest „Schriftgelehrte“ auch in seiner Gemeinde gab.[85] Ignatios war einer davon. Und er selbst und seine Frau Pnina konnten sich auch dazu rechnen. Echte „Pharisäer“ aber gab es in seiner Gemeinde nicht. Matthäus wußte, daß sie zur Zeit Jesu beim Volk in hohem Ansehen gestanden hatten wegen ihres ernsthaften Bemühens, den Willen Gottes zu erfüllen. Sie bemühten sich, die Tora nicht nur zu bewahren und sie verbindlich auszulegen, sondern sie auch für die Gegenwart lebbar zu machen und Möglichkeiten aufzuzeigen, sie in allen Situationen des Alltags konkret zu verwirklichen. Damit kamen sie einem weit verbreiteten Bedürfnis des Volkes entgegen, das nach Orientierung und Weisung verlangte. Die Auslegepraxis führte dann allerdings nicht selten zu eigenartigen Spitzfindigkeiten: Wie weit darf man sich am Sabbat bewegen? Darf man sich am Sabbat verloben? Darf man am Sabbat eine ärztliche Tätigkeit ausüben, wenn der Kranke nicht in unmittelbarer Lebensgefahr schwebt? Darüber hinaus wußte Matthäus, daß Jesus selbst mit der Mehrzahl der damaligen palästinischen Juden ein Anhänger der pharisäischen Glaubenslehren und der pharisäischen Gesetzesauslegung gewesen war. Bei seinen Streitreden mit den Pharisäern handelte es sich wohl eher um Auseinandersetzungen, wie sie innerhalb einer Gruppierung häufig ausgetragen werden. Zu wirklich ernsthaften Konflikten war es hauptsächlich zwischen Jesus und den politisch einflußreichen Sadduzäern gekommen. Das alles war Matthäus bewußt.

Aber er brauchte einfach einen „Aufhänger.“ Er konnte ja nicht die „Jünger“ (und damit die ganze Gemeinde!) als Heuchler oder als „blinde Führer“ abqualifizieren.[86] Dennoch hoffte er, daß die Betroffenen schon merken würden, wer gemeint ist, wenn sie etwa zu lesen bekommen: „Die Schriftgelehrten und die Pharisäer haben sich auf den Stuhl des Mose gesetzt. Sie schnüren schwere Lasten zusammen und legen sie den Menschen auf die Schultern, wollen selber aber keinen Finger rühren, um die Lasten zu tragen. Alles, was sie tun, tun sie nur, damit die Menschen es sehen: Sie machen ihre Gebetsriemen breit und die Quasten an ihren Gewändern lang, bei jedem Festmahl möchten sie den Ehrenplatz und in der Synagoge die vordersten Sitze haben, und auf den Straßen und Plätzen lassen sie sich gern grüßen und von den Leuten Rabbi nennen. Ihr aber sollt euch nicht Rabbi (Meister) nennen lassen; denn nur einer ist euer Meister, ihr alle aber seid Brüder. Auch sollt ihr niemand auf Erden Vater nennen; denn nur einer ist euer Vater, der im Himmel. Auch sollt ihr euch nicht Lehrer nennen lassen; denn nur einer ist euer Lehrer, Christus. Der Größte von euch soll euer Diener sein“ *(Mt 23,1-5)*.

Matthäus mußte deutlich zu machen suchen, daß es sich bei den Drohworten nicht um seine eigenen Worte handelt, sondern um Worte Jesu. Weil er vom Tode erweckt wurde, konnten und mußten diese Worte auch für die Gemeinde hier in Antiochia Geltung besitzen und für alle Gemeinden, die dieses Evangelium in Zukunft zu lesen bekommen würden. So blieb Matthäus trotz aller Bedenken und trotz eines sehr unguten Gefühls bei seiner ursprünglichen Idee, „die Schriftgelehrten“ und „die Pharisäer“ als Adressaten einer Reihe von Drohworten und Wehereden Jesu einzuführen.[87]

Neben den eben genannten Gruppierungen in der Gemeinde von Antiochia, die als „Schriftgelehrte“ und „Pharisäer“ bezeichnen würde, gab es noch andere Tendenzen, zu denen er Jesus in seinem Evangelium auch etwas sagen lassen wollte. Schon seit längerer Zeit mußte Matthäus nämlich feststellen – und erst jetzt nahm er es richtig wahr –, daß sich bei nicht wenigen Kleinglaube und leichtfertiger Umgang mit den ethischen Forderungen und Konsequenzen der Nachfolge Jesu breit machten. Matthäus fürchtete, daß sich diese Haltung ausweiten und die Gemeinde in kommenden Krisensituationen versagen könnte.

Er beschloß darum, in sein Evangelium einerseits einen unmißverständlichen und scharfen Mahnruf zur Nachfolge einzubauen und andererseits aufzuzeigen, daß Verzagtheit und Angst vor den Stürmen der Zeit nicht am Platze sind, weil der auferweckte Jesus inmitten seiner Gemeinde gegenwärtig ist, auch wenn er zu schlafen scheint. Als dafür besonders geeignet hielt er die Erzählung von der wunderbaren Stillung eines Seesturms, die er im Evangelium des Markus vorfand *(Mk 4, 35-41)*.

Diese Wundererzählung wollte er in eine Geschichte umgestalten, die zur mutigen und gläubigen Nachfolge Jesu aufruft. Damit diese Intention für jedermann deutlich erkennbar ist, würde er der Erzählung einen deutlichen Aufruf Jesu zu radikaler Nachfolge voranstellen *(Mt 8,18-27)*. Zuerst befiehlt Jesus, „ans andere Ufer zu fahren" *(Mt 8,18)*. Wer Jesus nachfolgen will, muß bereit sein zum Risiko. Er muß den Mut aufbringen, das gesicherte, vertraute alte „Ufer" zu verlassen und Neuland zu betreten. Doch nicht alle sind dazu bereit. „Ein Schriftgelehrter" will mitfahren. Jesus macht ihn darauf aufmerksam, daß bloße Worte und folgenlose Absichtserklärungen nicht genügen. Alle, die von der Lehre und Heilungsmacht Jesu fasziniert sind, müssen sich den harten Forderungen der Nachfolge stellen und sich am Vorbild Jesu orientieren.[88] Wenn sie ihm nachfolgen und „alles gewinnen" wollen, müssen sie zuerst alles, was ihnen Schutz, solide Grundlage und Lebenssicherung bietet, aufgeben. Dem Gewinn muß der Verlust vorausgehen. Das ist so paradox wie der Lebenslauf Jesu paradox ist: Jenen Jesus, der während seines irdischen Daseins in absoluter Armut und Heimatlosigkeit gelebt hat, bekennt die Gemeinde als den Auferweckten und erwartet seine Wiederkunft als Weltenrichter in Macht und Herrlichkeit *(Mt 8,20)*.[89]

Der Szene mit dem „Schriftgelehrten" fügte Matthäus eine zweite hinzu – das Gespräch mit einem „Jünger". Denn nach jüdischer Tradition sind zwei Zeugen erforderlich, um eine Sache glaubwürdig erscheinen zu lassen *(Mt 8,21f.)*. Der „Jünger" will vor der Abfahrt noch eine im Judentum als höchst verbindlich geltende Pietätspflicht erfüllen und seinen Vater begraben. Jesus verlangt hier um des Gottesreiches willen den Bruch mit der Familie und der geheiligten Tradition: „Folge mir nach; laß die Toten ihre Toten begraben!" Eine höchst radikale und nicht unproblematische Forderung. Matthäus wußte aus eigener Erfahrung, daß Verharren in überkommenen Bindungen und Strukturen fast immer bequemer ist als der Aufbruch in Armut und Heimatlosigkeit. Und er ahnte es erst recht für die Zukunft einer immer größer und älter werdenden Kirche, daß Unbeweglichkeit nur allzu gern mit dem Hinweis auf die Pflichten der Rücksichtnahme gegenüber altehrwürdigen, geheiligten Überlieferungen verbrämt wird.[90]

An die Nachfolgeworte schloß Matthäus die Sturmstillungserzählung an *(Mt 8,23-27)*. Um gleich am Anfang deutlich zu machen, daß es sich nicht um eine Wunder-, sondern um eine Jünger- und Nachfolgegeschichte handelt, änderte er die Vorlage aus dem Markusevangelium ab. Dort sind es die *Jünger*, die *zuerst* einsteigen und Jesus mit ins Boot nehmen *(Mk 4,36)*. Matthäus läßt *Jesus zuerst* ins Boot gehen. Seine Jünger folgen ihm nach. Aus dem „Sturmwind“ bei Markus macht Matthäus ein „Beben“, weil Erdbeben zu den Drangsalen der Endzeit gehören, in denen die Gemeinde sich befindet. Die Angst der Jünger Jesu damals wird zum Sinnbild der Bedrängnis der Jünger aller Zeiten.[91] Um die Not möglichst drastisch zu schildern, scheut Matthäus nicht vor maßlosen Übertreibungen zurück: das Boot wird von Wellen „zugedeckt“, während Jesus schläft. Trotz des wilden Tobens der Naturgewalten gelingt es den Jüngern, in dem schwankenden Boot zu Jesus „hinzutreten“ (nicht zu kriechen oder zu robben!), ihn zu wecken (was muß Jesus für einen Bärenschlaf gehabt haben!) und zu „sagen“ (nicht zu schreien oder zu brüllen!): „Herr, rette uns!“ Die Jünger reden Jesus mit dem alttestamentlichen Gottesnamen „Herr“ an, der der Gemeinde aus dem Gottesdienst vertraut ist.[92] Und Jesus ermahnt sie, nicht „kleingläubig“ zu sein. Matthäus läßt die vorwurfsvolle Frage der Jünger weg, ob es denn Jesus nicht interessiere, daß sie zugrunde gehen (Mk 4,38). Denn er will die Ängstlichen und Verzagten in der Gemeinde nicht auch noch als Zweifler erscheinen lassen. Endlich greift Jesus, der „Herr“, ein. Er „droht den Winden und dem Meer“ – und tut es damit Jahwe selbst gleich, von dem in den Psalmen gesagt wird: „Deine Macht und deine Treue sind um dich. Du bezwingst des Meeres Übermut; toben seine Wogen – du glättest sie“*(Ps 89,9-10)*, „Die Wasser wichen vor deinem Drohen zurück, sie flohen vor der Stimme deines Donners“ *(Ps 104,7)* und „Er machte aus dem Sturm ein Säuseln, so daß die Wogen des Meeres schwiegen“ *(Ps 107,29)*. Den Schluß der Geschichte wollte Matthäus von Markus übernehmen, änderte ihn aber, seiner Intention entsprechend, etwas um: Anstelle der Jünger läßt er „die Menschen“ sich verwundern und sich fragen: „Was ist das für einer, daß ihm die Winde und das Meer gehorchen?“ Und er legt seiner Gemeinde – und darüber hinaus allen fragenden Menschen – die Antwort in den Mund: Es ist Gott selbst, der in Jesus seine Macht offenbar werden läßt. Auf ihn soll die Gemeinde vertrauen. Wenn sie das tut, wird ihr Glaubenszeugnis „alle Menschen“ in Staunen versetzen.

Matthäus war sehr erleichtert, als er diese Texte gestaltet hatte. Sie erschienen ihm geeignet, den Kleingläubigen in seiner Gemeinde Trost zuzusprechen und die Leichtfertigen zu mehr Ernsthaftigkeit anzuhalten.

Doch damit hatte er noch immer nicht alle Probleme und Fragen untergebracht, die ihn bewegten und von denen er meinte, sie in seinem Evangelium ansprechen und, wenn möglich, lösen zu müssen. Da hatten einige Reiche und Begüterte in der Gemeinde lauthals protestiert, als Matthäus bei einem Gottesdienst die Seligpreisungen Jesu vortrug, in denen es heißt: „Selig die Armen; denn ihnen gehört das Reich Gottes. Selig, die hungern; denn sie werden gesättigt werden. Selig, die trauern; denn sie werden getröstet werden.“[93]

Matthäus hatte sich damals gezwungen gesehen, die Seligpreisungen der Armen dahingehend zu interpretieren, daß es in der Gemeinde von Antiochia, anders als zur Zeit Jesu, vor allem darum gehe, die Gesinnung von Armen zu haben. „Arme erwarten nichts von sich selbst; sie können es gar nicht. Aber sie erwarten alles von Gott. Wenn Jesus Arme und Habenichtse, Hungernde und Weinende beglückwünschte, so stellte er sich damit demonstrativ auf ihre Seite. Das bedeutet für uns: Wir haben uns auf die Seite der Elenden und Geringen, der Ausgebeuteten und Unterdrückten zu stellen und müssen mit ihnen solidarisch werden,“ hatte er gesagt. Und dann hatte er vorgeschlagen, dem Wort „Selig die Armen...“ die Erläuterung hinzuzufügen „...im Geiste“ *(Mt 5,3)*. Daraus, so schloß er, erwachse aber eine neue Haltung: Jesus, der Christus, hat sich auf die Seite der Armen geschlagen; darum sollen auch die Christen, die diesem Jesus nachfolgen wollen, für die Armen Partei ergreifen. Ähnlich verfuhr Matthäus auch bei den Seligpreisungen für die Hungernden *(Mt 5,6)*. Die Gemeinde, in der es kaum noch Menschen gab, die physisch Hunger zu leiden haben, solle deshalb um so mehr hungern und dürsten nach umfassender Gerechtigkeit. Matthäus betonte, daß die ursprünglichen Seligpreisungen Jesu für Benachteiligte und im

Leben zu kurz Gekommene zum Fundament einer neuen Ethik der Christen gemacht werden könnten und müßten.

Darum fügte er später, als er daheim wieder an seinem Evangelium arbeitete, parallel zu den Seligpreisungen Jesu, wie er sie in seiner „Redenquelle" gefunden hatte, noch weitere hinzu, um diese neue, „christliche" Lebenspraxis noch deutlicher erkennbar zu machen und zu veranschaulichen: „Selig, die keine Gewalt anwenden; denn sie werden das Land erben. Selig die Barmherzigen; denn sie werden Erbarmen finden. Selig, die ein reines Herz haben; denn sie werden Gott schauen. Selig, die Frieden stiften; denn sie werden Kinder Gottes genannt werden" *(Mt 5, 5-9)*.[94]

Bei allen diesen Überlegungen bekam Matthäus schmerzhaft die Schwierigkeiten seines Unternehmens zu spüren. Er mußte erkennen: Es ist kaum möglich, ein Evangelium für *alle* zu schreiben – für Außenstehende und am Christsein Interessierte als „Werbeschrift" *und* für Christinnen und Christen als Erinnerung und Aufruf, als Trost und Ermunterung, – für Judenchristen mit Kenntnis des Tanach *und* für Heidenchristen, die vom jüdischen Schrifttum keine Ahnung haben, – für Menschen, die im Wohlstand leben, *und* für Arme, die täglich um ihren Lebensunterhalt kämpfen müssen, – für unscheinbare Fromme *und* anmaßende Heuchler, – für Kleingläubige und Verzagte, denen Mut zuzusprechen ist, *und* für Oberflächliche und Gedankenlose, die es sich mit dem Christsein allzu leicht machen.

Matthäus sah sich gezwungen, Kompromisse zu schließen. Es gelang ihm nicht immer, die aus so unterschiedlichen Intentionen sich ergebenden Spannungen zu überbrücken. Er konnte es nicht vermeiden, daß innerhalb seines Evangeliums zwischen manchen Passagen regelrechte Widersprüche auftraten. Aber dennoch glaubte er, dieses Handicap um der Sache Jesu willen in Kauf nehmen zu müssen.

XVI.

In der Woche vor Ostern gedachte die Gemeinde des Leidens und Sterbens Jesu. Diesmal war Ignatios an der Reihe, die Passionstexte vorzulesen. Matthäus und Pnina erwarteten, daß er dazu das Markusevangelium benutzen würde, wie das auch in den vorangegangenen Jahren meist geschehen war. Doch sie und mit ihnen einige andere in der Gemeinde waren nicht wenig erstaunt, als Ignatios ankündigte, er werde für die Passion Christi heute einen Text verwenden, den er vor ein paar Tagen von Freunden aus Damaskus erhalten habe *(Joh 19,28-48)*.[95] Hier würde das Leiden und Sterben Jesu in einem ganz anderen, weit weniger drastischen und grausamen Licht geschildert. Statt dessen könne man klar erkennen, daß Jesus der Herr des Geschehens bleibt. Der verzweifelte Schrei „Mein Gott, mein Gott, warum hast du mich verlassen?," wie er im Markusevangelium steht *(Mk 15,34; Mt 27,46)*, passe nicht in den Mund Jesu, der sich zeit seines Lebens von einem großen und unerschütterlichen Vertrauen zu seinem himmlischen Vater getragen wußte. Überhaupt sei es für ihn, Ignatios, eine unerträgliche Vorstellung, daß Jesus laut schreiend gestorben sein soll *(Mk 15,37)*. Jesus, der Sohn Gottes, müsse bis zum letzten Atemzug Herr der Situation gewesen sein. Er könne sich eher denken, daß Jesus in seinem Tod die Vollendung seines Lebenswerks gesehen und darum gesprochen habe: „Es ist vollbracht." Und dann habe er nicht einfach den Geist „ausgehaucht," wie es Markus beschreibe, sondern ihn „überliefert" – in die Hände des Vaters *(vgl. Mk 15,37 mit Joh 19,30)*. In dem Text, den er nun vorlesen werde, sterbe Jesus auch nicht einsam und verlassen, sondern unter dem Kreuz stehen seine Mutter Maria zusammen mit drei anderen Frauen und dem Lieblingsjünger Johannes. Jesus sagt zu seiner Mutter, daß sie nun Johannes als ihren Sohn betrachten solle. Und zu Johannes sagt er, daß er in Maria seine Mutter sehen solle. Zum Abschluß treten in dem Text noch „Volksscharen“ auf – Neugierige, die, wie das bei Hinrichtungen häufig der Fall ist, hinaus nach Golgota gekommen seien, um sich das Spektakel anzuschauen. Die hätten tiefe Reue empfunden über das, was geschehen war *(Joh 19,48)*.

Als Matthäus und Pnina nach dem Gottesdienst wieder zu Hause waren, fragte er seine Frau, was sie von dieser Passionsdarstellung halte, wie sie Ignatios heute vorgelesen habe. Pnina zögerte eine Weile mit ihrer Antwort. Schließlich meinte sie: „Mir erscheint diese Darstellung zu unwirklich. Es klingt alles so, als ob Jesus hier nicht qualvoll zu Tode geschunden wird: Er regelt die Versorgung seiner Mutter; dann ‘weiß er, daß alles vollbracht war’; er denkt daran, daß die Schrift erfüllt werden muß und sagt darum, scheinbar in größter Ruhe: ‘Mich dürstet’; er spricht schließlich: ‘Es ist vollbracht’ und ‘überliefert den Geist’. Ich empfinde diese Darstellung des Todes Jesu – entschuldige die harten Worte! – wie eine Theaterinszenierung. Da ist nicht von Schmerzensschreien die Rede, nicht von Anfechtung und Verzweiflung, nicht von Todesnot und qualvollem Sterben.“

„Ja, das sehe ich auch so. Ich kann mir zwar vorstellen, warum der Verfasser dieses Textes den Tod Jesu so schildert. Vermutlich möchte er die anstößige Tatsache, daß Jesus durch die schmählichste aller römischen Hinrichtungsarten getötet wurde, damit etwas mildern oder abschwächen. Denn die Kreuzigung Jesu bedeutete und bedeutet vor allem für Griechen und Römer ein Hindernis für die Ausbreitung des Evangeliums. Er möchte daher deutlich machen, daß er den Kreuzestod Jesu als Erhöhung und als Rückkehr in die Herrlichkeit beim Vater versteht. Das Sterben Jesu ist ein Verherrlichungsgeschehen.“[96]

„Aber erreicht der Verfasser mit seiner Schönfärbung und der theologisch überhöhten Darstellung der Kreuzigung Jesu nicht eher das Gegenteil? Da muß doch ein kritischer Mensch, der diese Darstellung der Passion hört und der weiß, wie es bei Kreuzigungen zugeht und welche Qualen die zum Tode Verurteilten auszustehen haben, auf den Gedanken kommen: Wenn bei einem Geschehen, das vielen in seiner brutalen Grausamkeit bekannt ist, die Tatsachen derart schön geredet werden, dann könnte das erst recht auch an anderen Stellen geschehen sein, die sich weit schlechter historisch nachprüfen lassen. Und er könnte geneigt sein, nicht nur die Darstellung der Kreuzigung, sondern das gesamte Wirken Jesu als spätere Erfindung oder zumindest als Übertreibung oder Schönfärberei abzutun."

„Für Außenstehende, die mit der Geschichte Jesu überhaupt noch nicht bekannt gemacht wurden, läßt sich diese Gefahr sicher nicht von der Hand weisen. Aber es fragt sich eben, für wen der Text in erster Linie geschrieben ist," versuchte Matthäus, die kritischen Gedankengänge seiner Frau etwas einzuschränken. „Ich könnte mir vorstellen, daß er in einer Gemeinde ähnlich wie der unseren entstanden und aus ähnlichen Überlegungen gespeist ist, wie ich sie schon geäußert habe. Die Gemeinde glaubt an die Gegenwart des Auferstandenen. Sie macht keinen Unterschied zwischen dem leidenden irdischen und dem erhöhten verherrlichten Jesus. Der irdische Jesus spricht als der im Gottesdienst gegenwärtige Herr zu seiner Gemeinde – auch in seiner Passion."

„Das mag ja alles zutreffen. Und Leute, die theologisch geschult sind, werden das auch so verstehen. Doch ich fürchte, wer das Leben und Sterben Jesu zu stark theologisiert, nimmt ihm seinen Stachel, macht es im Grund ungefährlich und harmlos, regt damit niemand mehr auf. Der schreckliche Kreuzestod Jesu geht dann niemand mehr richtig an, macht niemand betroffen."

„Also müßte versucht werden, die Tatsächlichkeit der Ereignisse klar zu betonen und gleichzeitig auch eine Deutung zu geben. Fast eine Quadratur des Kreises", faßte Matthäus nachdenklich und ernst zusammen. „Aber es kann – Probleme hin, Probleme her – nicht bei einem einfachen Tatsachenbericht bleiben. Über das, was tatsächlich damals bei der Kreuzigung Jesu passiert ist, wissen wir sowieso kaum etwas Genaues. Sicher ist nur, daß Jesus während eines Jerusalemaufenthalts durch Verrat verhaftet und vermutlich von Angehörigen der sadduzäischen Führungsschicht an die römische Besatzungsmacht ausgeliefert wurde. Der damalige Präfekt Pontius Pilatus hat Jesus zum Tod am Kreuz verurteilt, weil er in ihm den Anführer einer damals gar nicht so seltenen messianischen Revolte gegen Rom erblickte.[97] Es ist bekannt, daß

Judäa damals voller Räuberbanden war. 'Und überall dort, wo sich eine Schar von Aufrührern zusammenfand, wählten sie einen König, der den Untergang der staatlichen Ordnung herbeiführen sollte. Sie fügten zwar nur wenigen Römern einen – und dazu noch unerheblichen – Schaden zu, bereiteten aber ihrem eigenen Volke ein ungeheuerliches Blutbad'.[98] Das ist so ziemlich alles, was wir wissen.

Für Markus, dem ich in meiner Darstellung der Passion zu folgen gedenke, war das zu wenig. Er war freilich auch gar nicht in erster Linie an bloßen Fakten interessiert. Ihm ging es vor allem darum, das Ende des irdischen Lebens Jesu im Lichte unseres Glaubens an seine Auferstehung zu deuten und deutlich zu machen, daß Jesus der verheißene Messias ist.

Darum finden sich bei ihm so viele Zitate aus dem Tanach. Die Darstellung der Passion klingt für Kenner fast wie eine Zitatensammlung. Da wird Psalm 69 zitiert: 'Sie gaben mir Gift zu essen, für den Durst reichten sie mir Essig' *(Ps 69,22)*. Vor allem aber Psalm 22: 'Mein Gott, mein Gott, warum hast du mich verlassen? ... Ich bin ein Wurm und kein Mensch, der Leute Spott, vom Volk verachtet. ... Meine Kehle ist trocken wie eine Scherbe, die Zunge klebt mir am Gaumen ...Viele Hunde umlagern mich, eine Rotte von Bösen umkreist mich. Sie durchbohren mir Hände und Füße. Man kann all meine Knochen zählen; sie gaffen und weiden sich an mir. Sie verteilen unter sich meine Kleider und werfen das Los um mein Gewand' *(Ps 22,2.7.16-19)*.

Ich werde die Zitate alle übernehmen und vorher, am Beginn der Passion, deutlich darauf hinweisen, daß dies alles geschieht, damit die Schriften der Propheten erfüllt werden *(Mt 26,56)*. Ich möchte mit diesem Verweis auf die Schriften gegenüber fragenden Juden die Notwendigkeit des Leidens und des Todes Jesu hervorheben. Und ich habe vor, noch weitere Schriftzitate einzufügen – aus Psalm 22 zum Beispiel: 'Alle, die mich sehen, verlachen mich, verziehen ihre Lippen, schütteln den Kopf: Er wälze die Last auf den Herrn, der soll ihn befreien! Der reiße ihn heraus, wenn er an ihm Gefallen hat.' *(Ps 22,9)*. Ich beabsichtige sogar, im Zusammenhang mit dem Tod Jesu von einem Erdbeben zu sprechen. Das gehört im Tanach häufig zu einer Gottesoffenbarung, vor allem dann, wenn Gott zum Gericht kommt *(vgl. u.a. Ex 19,18; Ri 5,4; 1 Sam 14,15; Ps 68,9; Hag 2,6)*. Rabbi Aqiba erwartet, daß die messianische Zeit mit einem Erdbeben anbricht."[99]

„Aber du mußt aufpassen, daß das Ganze vor lauter Zitaten aus der Schrift nicht ähnlich unwirklich und künstlich erscheint, wie der Text von Johannes," wendete Pnina ein.

„Das ist mir schon klar. Deswegen werde ich die Tatsächlichkeit des Geschehens noch stärker unterstreichen, als Markus das getan hat. Ich werde den amtlichen Charakter des Passionsgeschehens besonders hervorheben[100] und einige Zeugen benennen, um alle Ereignisse und Stationen damit absichern zu können – Soldaten, Frauen, Grabeswächter, das ganze Volk..."

„Wie bitte?", unterbrach ihn Pnina, „das *ganze* Volk?"

„Ja genau, das *ganze* Volk. Das ist mir sogar besonders wichtig. Und ich will nicht nur 'das Volk' als Zeuge am Kreuzigungsgeschehen teilnehmen lassen, sondern es vorher schon aktiv an der Verurteilung beteiligen. Ich habe eine Szene geplant, in der Pilatus Jesus vor die Volksmenge hinstellt. Als er merkt, daß die sich nicht davon abbringen läßt, den Tod Jesu zu fordern, wäscht er sich im Angesicht des Volkes die Hände in Unschuld. Das Volk aber sagt: 'Sein Blut komme über uns und unsere Kinder!' Damit spricht es letztlich das Todesurteil über Jesus."

„Halt, halt," fuhr ihm Pnina dazwischen. „Das alles entspricht doch überhaupt nicht den Tatsachen.[101] Schon deine Darstellung des Pilatus als Unschuldsengel regt mich auf. Der erscheint ja fast wie einer der Frommen und Reinen im Tanach.[102] Und dann die Rede von *dem* Volk! *Das* Volk kann sich gar nicht vor Pilatus versammelt haben. Wie hätte es so rasch von der Gerichtsverhandlung erfahren sollen? Nicht einmal die Einwohner von Jerusalem hätten das geschafft. Das ist doch eine maßlose Übertreibung! Obendrein hätte Pilatus eine solche riesige Menschenansammlung nicht geduldet. Und überhaupt: Ein Schwächling war Pilatus nicht, daß er der Volksmeinung nachgegeben hätte."

Matthäus war von der heftigen Reaktion Pninas überrascht. Er versuchte, sich zu rechtfertigen: „Ich könnte mir schon denken, daß die Feinde Jesu vorher zumindest eine größere Menge dazu aufgehetzt hatten, den Tod Jesu zu fordern."

„Dann müßtest du das gefälligst sagen. Nicht: '*das* Volk', sondern 'eine größere Volksmenge' oder 'eine aufgehetzte Menschenmasse'."

„Langsam, langsam," versuchte Matthäus zu beschwichtigen. „Ich habe dir meinen Plan noch nicht zu Ende erzählt. Ich möchte nämlich an dieser Stelle Tatsächliches und Deutung zusammenbringen."

Pnina schwieg.

„Ich habe mir dafür einen besonderen Kunstgriff ausgedacht: Ich werde zwei unterschiedliche griechische Wörter für 'Volk' verwenden. An der Stelle, an der sich Pilatus vor der Volksmenge die Hände wäscht *(Mt 27,24)*, werde ich das Wort 'óchlos' nehmen.[103] Das heißt 'Pöbel, einfache Leute, Volkshaufen'. Und für das Blutwort werde ich 'laós' verwenden *(Mt 27,25)*. Das schließt alle ein – das einfache Volk *und* die Aristokratie. Damit kann für Leser und Hörer deutlich werden: Die bei dem Urteil anwesenden Juden haben unter Einfluß ihrer Aristokratie den Tod Jesu verlangt und die Folgen auf sich genommen."[104]

„Und die Deutung wäre dann: Zur Strafe für die Ablehnung Jesu durch den 'láos', also durch das einfache Volk *und* die Aristokratie, wurden vierzig Jahre später Jerusalem und der Tempel zerstört?", wollte Pnina wissen.

„So könnte man es sehen. Du weißt selbst, daß viele Juden nach der Katastrophe im Jahre 70 sich die Frage stellten: Was haben wir falsch gemacht? Warum hat Gott diese Strafe über uns verhängt? Einige schieben den Zeloten die Schuld in die Schuhe, weil sie im jüdischen Krieg den Tempel besetzt und mit Morden befleckt hatten. Diese Morde hätten den Tempel verunreinigt, so daß Gott ihm seinen Schutz entzogen habe."[105]

„Hm," meinte Pnina. „Schlau, schlau. Ich fürchte nur, daß nicht alle schlau genug sind, um diese Deutung zu verstehen. Nicht alle kennen den Unterschied zwischen 'óchlos' und 'laós'. Die lesen nur das eine aus dem Text heraus: *Das* Volk der Juden, das *ganze* Volk, ist schuld am Tod Jesu. *Alle* Juden tragen Mitverantwortung an der Ermordung Jesu. Und ein solches Verständnis oder besser Mißverständnis deines Textes könnte verhängnisvolle Folgen haben."

„Bist du mit deinen Überlegungen nicht zu pessimistisch?"

„Ich wünschte, ich wäre es. Aber ich befürchte, daß ich keinesfalls zu schwarz sehe. Du weißt doch so gut wie ich, daß in der griechischen Übersetzung des Tanach, in der Septuaginta, mit 'laós' das Bundesvolk Israel gemeint ist. Dann könnte man es so verstehen: Das gesamte *Bundes*volk, also *die* Juden schlechthin, sind schuld am Tod Jesu. Ich würde an deiner Stelle diese Passage weglassen. Markus bringt sie auch nicht. Warum willst du sie unbedingt einfügen?"

„Weil ich das Wort 'Sein Blut komme auf uns und auf unsere Kinder' nicht so anstößig finde wie du. Es dokumentiert zunächst einmal das gute Gewissen des Volkes.[106] Außerdem kommt das Wort auch im Tanach vor *(vgl. 2 Sam 3,28f.; Jer 26,15)* und bezeichnet nichts anderes als die Verantwortung für eine schuldhafte Tat und deren Folgen. Es besagt nicht, daß dieses Blut, das jetzt unschuldig vergossen wird, zur Rache über diejenigen, die das Wort aussprechen, und deren Nachkommenschaft kommen solle. Es bleibt für die folgenden Generationen deshalb nicht in Kraft, weil sie in einen Justizirrtum hineingezogen waren, der von ihren Vorfahren begangen wurde. Der Urteilsspruch bleibt nur bei dem in Kraft, der für sich selbst das Urteil wiederholt, wenn er Jesus und jene, die ihm nachfolgen, erneut verurteilt."

„Und du meinst wirklich, die einfachen Leute, die kein so umfangreiches theologisches Hintergrundwissen haben, werden das richtig verstehen? In hundert Jahren? Ohne Kenntnis des jüdischen Verständnisses der Stelle?"

„Ich werde noch eine Sicherung einbauen, wenn du willst." Matthäus wurde immer verlegener.

„Und die wäre?"

„Ich werde noch eine Stelle einfügen, in der 'die Hohenpriester und die Pharisäer bzw. die Ältesten' erst von Pilatus die Bewachung des Grabes Jesu verlangen und dann, als sie von der Auferstehung Jesu hören, die Wache bestechen, damit sie sagen, der

Leichnam Jesu sei gestohlen worden. Das Gerücht ist ja bis heute bei den Juden verbreitet *(vgl. Mt 27,62-66; 28,11-15)*."

„Wie soll denn damit das Wort vom Blut entschärft werden?"

„Ich weiß, es ist ein bißchen kompliziert. Während die Verantwortung für den Tod Jesu eine Sache des 'ganzen Volkes' ist, wird die Unterdrückung der Meldung vom Ostermorgen nur den Hohenpriestern, den Pharisäern und den Ältesten angelastet. Die aber haben ihre Funktion mit der Zerstörung des Tempels verloren. Sie repräsentieren ein Judentum, das heute gar nicht mehr existiert."

„Wenn ich dich richtig verstehe, willst du damit sagen, daß die Strafe Gottes für die Verurteilung Jesu durch den 'laós' nur die Aristokratie, also die Hohenpriester, die Pharisäer und die Ältesten, getroffen hat, während das einfache Volk davon verschont blieb? Das entspricht doch wohl nicht den Tatsachen. Das einfache Volk hatte im jüdischen Krieg mindestens genau soviel zu leiden wie die Aristokratie, zu der man übrigens kaum die Pharisäer zählen kann. Oder willst du damit indirekt sagen, daß das 'einfache Volk' zumindest ansatzhaft an die Auferstehung Jesu zu glauben begann, daß es sich also gewissermaßen 'bekehrt' hat? Dann müßtest du das deutlicher machen. Wenn du erst *das* Volk rufen läßt: Sein Blut komme über uns und unsere Kinder', dann müßtest du jetzt auf den bestimmten Artikel verzichten. Also nicht: 'Das Gerücht ist bis heute bei *den* Juden verbreitet', sondern: 'Das Gerücht ist bis heute *bei Juden* verbreitet'."[107]

„Scharf gedacht," mußte Matthäus zugestehen. „So mach' ich's!"

„Trotzdem ist mir nicht wohl dabei. Theoretisch mag jetzt alles richtig sein. Doch meine Befürchtungen sind damit nicht ausgeräumt. Praktisch wird es anders kommen. Du wirst als Antisemit hingestellt werden,[108] der die Trennung der christlichen Gemeinde von der jüdischen Synagoge vorangetrieben hat, ja der Feindschaft zwischen Christen und Juden sät. Stell dir nur den Haß vor, den das Wort vom 'Blut, das über uns und unsere Kinder kommen soll,' hervorrufen kann ..." [109]

Leider sollte sie recht behalten.

XVII.

Das nahende Osterfest gab Matthäus Anlaß, sich erneut mit der Frage nach der Auferweckung Jesu zu beschäftigen, die er in seinem Evangelium in irgendeiner Weise würde behandeln müssen. Das Problem hatte ihn seit dem Gespräch mit seinen jüdischen Freunden umgetrieben. Sicher, er glaubte fest daran. Er wollte es jedenfalls. Aber ein bißchen unsicher war er geworden. Weniger das „Daß" plagte ihn, mehr das „Wie." Immer nur wurde erzählt, Jesus sei „erschienen" – zuerst Maria aus Magdala, dann Petrus, dann etlichen anderen Jüngern, einmal sogar fünfhundert auf einmal (so wußte es jedenfalls Paulus in seinem ersten Brief an die Gemeinde in Korinth zu berichten) und schließlich auch Paulus selbst. Aber darüber, was sie bei diesen Erscheinungen erlebt oder gesehen und gehört haben, hatte keiner etwas erzählt. Waren es Visionen? Ein Traum? Eine Halluzination? Oder nur ein ganz starkes, emotionales Erlebnis, eine Art von Erleuchtung, eine Einsicht? Handelte es sich also bei den „Erscheinungen" um irgendwelche inneren Vorgänge?

Und waren die Erzählungen vom leeren Grab, von den Erscheinungen des Auferweckten und von seinem Mahl mit den Jüngern, wie er sie gehört hatte und wie sie auch unter seinen Gemeindemitgliedern kursierten, nur fromme Erfindungen? Wer oder was war der junge Mann in weißem Gewand, von dem Markus erzählt *(Mk 16,5)*? Hatten die zwei Frauen, die zum Grab gegangen waren und es leer angetroffen hatten, nur deswegen den Leichnam Jesu nicht mehr finden können, weil ihn irgendwelche Jünger bei Nacht und Nebel in aller Eile heimlich fortgetragen hatten *(vgl. Mt 27,62-66)*? Aber woher hätten die verängstigten, eingeschüchterten und von Selbstzweifeln geplagten Jünger plötzlich diesen Mut genommen? Und wohin hatten sie den Leichnam gebracht? Wo hatten sie ihn beerdigt? Wo war das neue, zweite Grab Jesu?

Wer sollte auf diese Fragen noch Antwort geben können? Alles lag schon gut 60 Jahre zurück. Von denen, die vielleicht dabei waren und Auskunft geben könnten, lebte niemand mehr.

Matthäus schaute sich den Schluß des Markusevangeliums genauer an. Der wirkte wie abgehackt: „Da verließen sie (die Frauen) das Grab und flohen; denn Schrecken und Entsetzen hatte sie gepackt. Und sie sagten niemand etwas davon (daß sie den Leichnam Jesu nicht im Grab gefunden hatten); sie fürchteten sich nämlich" *(Mk 16,8)*. Sollte Markus wirklich derart sein Evangelium, seine *Froh*botschaft, abgeschlossen haben? Der Text wirkte eher so, als hätte irgend jemand hier etwas abgeschnitten. Aber warum? Oder war der letzte Abschnitt verlorengegangen?

Matthäus hatte gehört, daß es Leute gäbe, die etwas ganz anderes über die Ereignisse nach der Kreuzigung erzählten.[110] Nach ihnen hatte ein bis dahin unbekannter, geheimer Bewunderer Jesu, ein reicher Mann aus Arimathäa, der Kreuzigung beigewohnt (vermutlich als Abgesandter des Hohen Rates). Er war von dem Erlebten tief erschüttert. Als er wieder nach Hause zurückgekehrt war, wurde ihm berichtet, daß Jesus gestorben sei, kurz nachdem er die Hinrichtungsstätte verlassen hatte. Das war verwunderlich, denn meist hingen die Gekreuzigten mehrere Tage am Kreuz, bevor sie erstickten. Da faßte sich Joseph, so hieß der Mann aus Arimathäa, ein Herz, ging zu Pilatus und erlangte mit reichlich Bestechungsgeld von ihm die Erlaubnis, den Leichnam Jesu vom Kreuz abzunehmen und ordnungsgemäß zu bestatten. Bis zum Sonnenuntergang, dem Beginn des Sabbats, blieben ihm allerdings nur wenige Stunden Zeit. Joseph hatte sich erst vor kurzem in der Nähe von Golgota eine Familiengrabkammer gekauft, die noch unbenutzt war. Dorthin brachten er und einige Helfer den Leichnam, und wickelten ihn provisorisch in einfache Leinentücher, die sie zuvor mit einer Mischung aus Aloe und Myrrhe getränkt hatten. Dann wälzten sie einen Stein vor den Eingang. Bei ihrem Tun wurden sie von den drei Frauen beobachtet, die der Kreuzigung ebenfalls beigewohnt hatten. Die machten sich am Morgen des dritten Tages, also nachdem der Sabbat vorüber war, auf den Weg, um den Leichnam einzubalsamieren. Als sie zum Grab kamen, sahen sie, daß der Stein weggewälzt war. Sie erschraken gewaltig, als sie beim Betreten der Grabkammer auf der Leichenbank einen jungen Mann sitzen sahen, der offenbar auf sie gewartet hatte. Er teilte ihnen mit, daß Joseph von Arimathäa vor Tagesanbruch mit einigen Helfern hierhergekommen sei, um die Leiche zu waschen und einzubalsamieren. Da habe er bemerkt, daß Jesus atme, daß er aus schwerer Ohnmacht „aufgewacht" sei. Er habe Jesus sofort in sein Haus gebracht. Als Jesus nach einiger Zeit wieder zu Bewußtsein gekommen sei, habe er als erstes darum gebeten, die Jünger und vor allem Petrus zu benachrichtigen. Sie sollten sich ins sichere Galiläa begeben. Er werde auch dorthin kommen und sie treffen, sobald er dazu in der Lage sei. Er, der junge Mann, sei beauftragt worden, die Frauen darüber zu informieren.

Auf den ersten Blick erschien dem Matthäus diese Variante der Auferstehungserzählungen einigermaßen plausibel. Aber dann wurde er unsicher. War Jesus tatsächlich wieder gesund geworden? Konnten seine Wunden so schnell heilen – nach den Strapazen der Geißelung und Kreuzigung? Und Matthäus fragte weiter: Hatte Jesus den weiten, anstrengenden und nicht gefahrlosen Weg nach Galiläa mit eigener Kraft zurücklegen können? Wo hatte er sich in Galiläa aufgehalten? Hätten ihn nicht irgendwelche seiner Gegner sofort wiedererkannt und das den römischen Besatzern gemeldet? Und hätten die ihn nicht rasch aufgestöbert und mundtot gemacht? Oder war er „untergetaucht"? Hatte er sich vielleicht ganz aus Galiläa entfernt, nachdem er seinen Freunden noch einige Anweisungen gegeben hatte? Wohin? Sollte er, der von einem starken Erwählungsbewußtsein geprägt war, sich fortan in Schweigen gehüllt haben? Sollte er, der sich zu den „verlorenen Schafen des Hauses Israel" gesandt wußte, wie ein bezahlter Knecht, der nicht Hirte ist und dem die Schafe nicht gehören, diese Schafe im Stich gelassen haben und geflohen sein? Sollte er irgendwo in fernen Landen seinem erlernten Beruf als unbekannter, namenloser, biederer Bauhandwerker nachgegangen sein? In Kaschmir, wie manche behaupteten?

Das konnte sich Matthäus nicht vorstellen. Er verwarf dieses Gerücht. Manches erschien ihm zwar einleuchtend und plausibel. Aber anderes, und vor allem der Ausgang der Geschichte, stand doch in krassem Widerspruch zu dem, was ihm aus gesicherten Quellen über den Tod Jesu bekannt war. Und auch zu dem, was er von glaubwürdigen Zeugen über die Auferweckung Jesu gehört hatte.

Nein, Jesus war gestorben – verraten von einem seiner Jünger, der es vielleicht gut gemeint hatte und nur irregeleitet worden war, im Stich gelassen von seinen Freunden, verurteilt nicht nur vom Hohenpriester und von den Ältesten, sondern vom „ganzen Volk" (davon ließ sich Matthäus – zu Pninas großem Bedauern – nicht abbringen), hingemordet von einem skrupellosen, korrupten Beamten, dem römischen Statthalter Pontius Pilatus, zu Tode geschunden von einer gefühllosen Soldateska. Nur einige Frauen waren bis zum letzten Atemzug bei ihm geblieben, wenn auch nicht in seiner unmittelbaren Nähe. Sie hatten verfolgen können, daß Jesu Leichnam von einem reichen Mann und einigen Helfern vom Kreuz abgenommen und in seinem Familiengrab bestattet wurde. Und damit war das Werk, das Jesus begonnen hatte, zunächst einmal zusammengebrochen. Die Jünger waren enttäuscht und entmutigt in ihren alten Beruf zurückgekehrt. Sie wollten das, was sie mit Jesus in den zwei oder drei Jahren des Zusammenseins erlebt hatten, möglichst schnell vergessen. Nichts mehr sehen, nichts mehr hören, nichts mehr sagen.

Nur eine Frau, Maria aus Magdala, konnte das nicht. Sie war von Jesus fasziniert gewesen. Von dem, was er gesagt und getan hatte. Und vor allem: *wie* er es gesagt und getan hatte. Sie hatte an ihn geglaubt – bedingungslos und unbeirrt durch alle Widerstände und Anfeindungen, die dem Auftreten Jesu und seiner Predigt in zunehmendem Maße auch aus den eigenen Reihen entgegengebracht wurden. Sie hatte befürchtet, daß das kein gutes Ende nehmen könnte. Dennoch hatten sie die Kreuzigung und der Tod Jesu zutiefst getroffen. Damit hatte sie nicht gerechnet. Verunsichert und irritiert war sie aus Jerusalem geflohen und in ihre Heimat Magdala am See Gennesaret zurückgekehrt. Aber Maria konnte und wollte Jesus nicht vergessen. Sie dachte an ihn – Tag und Nacht. Sie versenkte sich hinein in seine Botschaft. Sie meditierte seine Worte. Und sie kam immer mehr zu der Überzeugung, daß die Sache dieses Mannes nicht einfach erledigt und abgehakt sein könne. Gott kann das Werk, das Jesus begonnen hat, nicht einfach im Sande verlaufen lassen. Die Worte, die Jesus gesprochen hat, können nicht einfach ins Leere verhallen. Seine Liebe zu den Armen und Kranken, zu den Verachteten und Ausgeschlossenen kann nicht einfach dem Vergessen anheimfallen. Sein Dasein für die Menschen darf nicht auf Dauer unbeachtet bleiben. Die Sache Jesu muß weitergehen!

Je länger sie darüber nachdachte, desto mehr wurde es ihr zur Gewißheit: Jesus *kann* nicht tot sein. Jesus *ist* nicht tot. Er lebt. Gott hat ihn nicht im Tode belassen, sondern zu neuem Leben erweckt. Und deshalb ist er unter seinen Freunden zugegen – aber in anderer Gestalt. Nicht mehr für die Augen sichtbar, sondern nur mit dem Herzen wahrnehmbar. Nicht mehr mit den Händen zu erfassen, sondern nur im Glauben zu erfahren.

Und so mag Jesus ihr wohl auch „erschienen" sein – in ihren Gedanken, in ihren Tag- und Nachtträumen. So mag er zu ihr „gesprochen" haben – in ihrem suchenden Herzen, in ihrem fragenden Verstand, in ihrem erinnernden Nach-denken.[111]

In der Gewißheit, daß Jesus lebt, mag Maria sich auf den Weg zu Simon gemacht haben ins benachbarte Kafarnaum. Von ihm mußte sie erfahren, daß ihm Ähnliches widerfahren sei. Er habe zuerst das ganze Jesusgeschehen verdrängen und vergessen wollen – total und restlos. Mit wildem Eifer habe er sich in seinen alten Beruf gestürzt. Täglich sei er auf dem See gewesen, um Fische zu fangen. Doch er sei von der Erinnerung an Jesus und die Zeit mit ihm nicht losgekommen. Gerade auf dem See sei in ihm die Vergangenheit wieder lebendig geworden. Er mußte an manche Überfahrt denken, die er mit Jesus gemacht hatte. An die Worte, die Jesus dabei gesprochen, an die Gesten, die er an ihm beobachtet habe. Er habe sich erinnert an den unbeirrbar festen Glauben, der Jesus beseelte, an die Überzeugung, daß Gott, den er „Abba" nannte, ihn nie und nimmer im Stich lassen, daß er ihm auch über den Tod hinaus die Treue halten werde. Er, Petrus, habe sich mit tiefer Scham an seine großspurigen Versprechungen und an sein klägliches Versagen erinnert – er, der von Jesus mit dem Ehrennamen „Kepha“ ausgezeichnet worden sei. Er habe daran gedacht, daß er noch kurz vor seinem Tod Jesus vollmundig versprochen habe, nicht von seiner Seite zu weichen, auch wenn alle anderen flüchten würden, und daß er als einer der ersten die Flucht ergriff, als es ernst wurde. Eine tiefe Reue habe ihn gepackt. Der Gedanke, daß er alles in irgendeiner Weise wiedergutmachen müsse, habe ihn nicht losgelassen.

Aber mehr und mehr sei auch er zu der Überzeugung gekommen, daß Jesus bei Gott weiterlebt. Daß seine Sache nicht verloren ist. Daß die Jünger sie weiterführen, daß sie sein Werk vollenden müßten. Der Besuch Marias könnte den Anstoß geben, endlich damit ernst zu machen.

Und so begann wohl einige Monate nach der Kreuzigung die Sache Jesu wieder aufzuleben, zunächst zaghaft, dann immer lauter und deutlicher. Immer mehr von den früheren Anhängern Jesu kamen zu der Überzeugung, daß er lebt. Besonders wurde ihnen das spürbar, wenn sie sich im Gedenken an ihn zum gemeinsamen Mahl zusammensetzten, wenn sie sich in Dankbarkeit und Freude an seine Worte und Taten erinnerten, wenn sie füreinander und miteinander das Brot brachen und den Becher mit Wein herumgehen ließen – so wie er es während seines Erdenlebens mit ihnen getan hatte, vor allem aber bei seinem Abschiedsmahl. Dann brannten ihre Herzen vor Begeisterung. Dann begannen sie einzusehen und zu begreifen, was er für sie getan hatte. Dann wurde ihnen bewußt, daß sie seine Sache weitertragen mußten zu allen Menschen.

So oder ähnlich, glaubte Matthäus, könnte der Glaube an die Auferstehung entstanden sein. Aber könnte er das in seinem Evangelium beschreiben?

Er schaute sich den letzten Vers im Markustext noch einmal genauer an *(Mk 16,8)*. Warum nur brach das Evangelium so abrupt ab? Warum endete es mit einem „nämlich“ (*sie fürchteten sich nämlich*; griech.: „*ephobounto gar*“)? War das der letzte Sinn und Zweck der Frohbotschaft, Menschen zu erschrecken? Konnte die Jesus-Geschichte damit enden? Wenn aber im ursprünglichen Text des Markusevangeliums diesem Satz noch ein kürzerer oder längerer Abschnitt gefolgt war (was er vermuten mußte), wer könnte ein Interesse daran gehabt haben, ihn zu tilgen? Und warum? Sollte vielleicht das Evangelium nach diesem Satz – „sie fürchteten sich nämlich" – doch erzählt haben, daß Jesus wieder genesen sei, daß er seine Jünger in Galiläa getroffen und daß er sich dann endgültig entfernt habe – auf Nimmerwiedersehen? Und sollten irgendwelche Kreise diesen ursprünglichen, reichlich profanen und „natürlichen" Schluß des Markusevangeliums nur deswegen getilgt haben, weil er nicht in ihr theologisches Konzept paßte? Weil das Verschwinden Jesu für sie nicht natürlich zu erklären sein durfte, sondern als „Auferstehung", als große und machtvolle göttliche Wundertat? Und weil sie darum in dem jungen Mann, den vielleicht Joseph von Arimathäa beauftragt hatte, die zum Grabe kommenden Frauen über die schier unglaubliche Tatsache zu informieren, daß Jesus die Kreuzigung lebend überstanden und das Grab verlassen habe, bereits als einen himmlischen Boten, einen Engel, deuteten?

Aber genau genommen, so bemerkte Matthäus, ist bei Markus gar nicht von einem „leeren" Grab die Rede, sondern nur davon, daß „ein junger Mann in weißen Kleidern" sagt: „Hier ist der Ort, wo man ihn hingelegt hat" *(Mk 16,6)*. War das Auffinden eines leeren Grabes wirklich die Begründung für den Glauben an den auferstandenen Gekreuzigten oder setzte die Erzählung diesen Glauben nicht vielmehr schon voraus? Die Botschaft des jungen Mannes hieß doch nicht: „Das Grab ist leer", sondern „Er wurde auferweckt"! Verbirgt sich also, so fragte sich Matthäus, hinter der Erzählung vom Grabbesuch der beiden Frauen letztlich und eigentlich das Interesse, die absolute Identität zwischen dem gekreuzigten Mann aus Nazaret und dem jetzt in der Gemeinschaft mit Gott lebenden und als „auferstanden" erfahrenen Jesus deutlich zu machen?[112]

Und was sollte Matthäus von den ebenfalls in der Gemeinde verbreiteten Erzählungen über sehr handgreifliche Erscheinungen Jesu halten? Zwei Jüngern sei er auf dem Weg nach Emmaus begegnet und habe mit ihnen gesprochen. Erst als sie ihn einluden, am Abend mit ihnen zusammen die Eucharistie zu feiern, hätten sie ihn am Brotbrechen erkannt. Aber da sei er sofort verschwunden *(vgl. Lk 24,13-35)*. Einmal sei er plötzlich in die Versammlung der Jünger getreten, habe ihnen seine Wunden gezeigt und nach etwas zu essen verlangt. Er habe sie dann angehaucht und ihnen den Geist verliehen *(vgl. Lk 24,36-43)*. Diese Geschichten wollte er nicht in sein Evangelium übernehmen. Sie erschienen ihm zu mysteriös und zu mißverständlich. Leute, die das lesen würden, könnten annehmen, Jesus sei wieder in sein vorheriges, irdisches Leben zurückgekehrt.

Doch wie war es dann zum Glauben an die Auferweckung Jesu gekommen? Alle Erzählungen sprachen von „Erscheinungen." Auch Paulus schrieb davon im Brief an die Galater. Nach den beiden Frauen, die aber nach allgemeiner und auch nach jüdischer Auffassung kein rechtsgültiges Zeugnis ablegen können, hatte offensichtlich Petrus als erster Mann diese Erscheinung *(vgl. 1 Kor 15,5; Lk 24,34; und, indirekt, Mk 16,7)*. Vielleicht hatte Petrus von den Erfahrungen der Frauen gehört und war davon inspiriert worden. Petrus mußte davon überwältigt gewesen sein. Ihn, das Großmaul, den Feigling, den Verräter, den Fahnenflüchtigen hatte Jesus nicht verworfen! Ihm hatte er sich trotz allen Versagens, trotz aller Schuld erneut zugewandt! Und noch dazu als erstem! Und Petrus wird einigen seiner ehemaligen Weggenossen aus dem Kreis der „Zwölf" davon erzählt haben: Ein Toter kann nicht vergeben, nur ein Lebender kann Vergebung schenken.

Die Erfahrung von Vergebung für Feigheit und Kleinglauben, erhellt durch die unvergeßliche und sich immer mehr verklärende Erinnerung an das Zusammensein mit dem Mann aus Nazaret während seiner irdischen Lebenstage, wurde zum Mutterboden des Glaubens an Jesus als den Auferstandenen. Petrus erkannte, „sah" das. Und mit ihm die anderen Jünger, die sich kaum besser als er verhalten hatten. Vielleicht war dieser Ein*sicht* ein längerer Reifungs- und Reflexionsprozeß vorangegangen. Ein „zündender Funke" – die Erzählung Marias von Magdala? – hatte dann genügt, um die alte Flamme der Begeisterung für Jesus und seine Sache wieder zum Lodern zu bringen. Jesus war ihnen „erschienen". Sie „wußten" nun: Jesus lebt, er hat ihnen vergeben, seine Sache ist nicht verloren. Jesus hatte sie einst als Zeugen seiner Botschaft auserwählt. Sie wollten seine Zeugen bleiben. Sie wollten die Sache Jesu weiterführen. Sie wollten davon Zeugnis vor aller Welt ablegen. Und Jesus würde in ihrer Mitte sein, wie er es zu Zeiten seines irdischen Lebens war – helfend, belehrend, vergebend, aufmunternd.[113]

Was sollte Matthäus nun tun? Konnte er diese „Erklärung" seiner Gemeinde vermitteln? Würde die Gemeinde das verstehen? Das Osterfest nahte, und die Gemeinde erwartete von ihm in „seinem" Evangelium eine Ostergeschichte, die nicht wie bei Markus in Schrecken und Entsetzen enden sollte. Was wirklich bei der Auferweckung Jesu geschehen war, wußte niemand. Nur soviel durfte und mußte man annehmen: Gott war in irgendeiner Weise tätig geworden. Davon war Matthäus überzeugt. Also wollte er das Geschehen theologisch deuten und als Gottesoffenbarung transparent machen. Er nahm sich den Markustext nochmals vor und veränderte ihn etwas. Gleich am Anfang wollte er – wie beim Tod Jesu *(Mt 27,51)* – wieder die Erde beben lassen. Er konnte damit für Schriftkundige die Auferweckung Jesu als außergewöhnliches Ereignis, als machtvolle Gottesoffenbarung kennzeichnen. Denn auch am Sinai hatte die Erde gebebt, als Gott sich dem Mose offenbarte *(Ex 19,18)*. Ein Erdbeben konnte allerdings auch verstanden werden als Zeichen des göttlichen Zorns; so stand es jedenfalls bei Amos: „Jahwe schwört beim Stolze Jakobs: Keine eurer Taten werde ich jemals vergessen! Soll da nicht die Erde erzittern, daß alle ihre Bewohner erschauern?" *(Am 8,7f)*. Den „jungen Mann" in der Grabkammer, den die Leser des Markustextes als Gottesboten interpretierten, würde er gleich als Engel kennzeichnen. Dann könnte er, wie in manchen Erzählungen des Tanach, die Offenbarungsszene mit der Aufforderung des Engels an die Frauen beginnen lassen, sich nicht zu fürchten. Den Schluß der Markusvorlage würde er stark verändern. Da sollte neben der Erwähnung von heilsamer und verständlicher Furcht auch von großer Freude die Rede sein *(Mt 28,8)*. Und warum sollte er nicht noch eine Szene anfügen, in der der auferweckte Jesus selbst den vom Grab wegeilenden Frauen begegnet? Jesus könnte sie freudig begrüßen,[114] ihnen nochmals versichern, daß sie sich nicht zu fürchten brauchen, und sie ermutigen, der Weisung des Engels zu folgen und nach Galiläa zu gehen, um ihn dort zu „sehen."

Matthäus war zufrieden. Er hoffte, seine Gemeinde würde es auch sein.

XVIII.

Matthäus hatte sein Evangelium fast fertiggestellt, als er nochmals in eine Auseinandersetzung mit Ignatios und dessen Freunden hineingezogen wurde. Es ging um die Frage, wer Jesus eigentlich sei. Die beiden hatten wiederholt von ihm als dem „Sohn Gottes" gesprochen. Sie hatten behauptet, daß Jesus selbst sich so bezeichnet und sich damit als göttliches Wesen in menschlicher Gestalt zu erkennen gegeben habe.

Auch Matthäus hatte in seinem Evangelium an einigen Stellen die Bezeichnung „Sohn Gottes" verwendet. Bei der Taufe redet die Himmelsstimme Jesus als „geliebten Sohn" an *(Mt 3,17)*. Die Besessenen von Gerasa – bei Markus war es nur einer; Matthäus hatte zwei daraus gemacht, weil zur Beglaubigung eines Ereignisses stets zwei Zeugen nötig sind *(Vgl. Mk 5,1 mit Mt 8,28; Mk 10,46 mit Mt 20,30)* – bezeichnen ihn als „Sohn Gottes" *(Mt 8,29)*. Die Jünger huldigen ihm nach dem Seewandel *(Mt 14,33)*. Petrus nennt ihn „Messias, den Sohn des lebendigen Gottes" *(Mt 16,16)*. Auf dem Berg der Verklärung spricht ihn die „Stimme aus der Wolke" wiederum als „geliebten Sohn" an *(Mt 17,5)*. Der Hohepriester fragt Jesus, ob er „der Messias, der Sohn Gottes sei", und Jesus bestätigt es *(Mt 26,63f)*. „Vorbeikommende Leute" verspotten den Gekreuzigten als „Sohn Gottes" und fordern ihn auf, vom Kreuz herabzusteigen, er habe ja auf Gott vertraut *(Mt 27,40.43)*. Und schließlich bezeugen der „Hauptmann und die Männer, die mit ihm zusammen Jesus bewachten": „Wahrhaftig, das war Gottes Sohn!" *(Mt 27,54)*.

Besonders die Szene vor dem Hohenpriester bereitete Matthäus einige Schwierigkeiten. Da er sie im Markusevangelium vorfand *(Mk 14,61f)*, wollte er sie nicht umgehen. Aber die gesamte Darstellung der Durchführung des Prozesses gegen Jesus warf doch viele Fragen auf.[115] Konnte überhaupt jemand aus dem Kreis der Freunde Jesu dem Geschehen beiwohnen, um später davon zu berichten? Hatten wirklich zwei Sitzungen des Synedriums stattgefunden – eine mitten in der Nacht *(Mk 14,53-55)*, die andere frühmorgens *(Mk 15,1)*? War Jesus überhaupt vom Synedrium zum Tode verurteilt worden – egal, ob in der ersten oder in der zweiten Sitzung? Hätte ihn dieses Gremium nach *jüdischem* Recht als Gotteslästerer verurteilt, wäre er wohl durch Steinigung hingerichtet worden *(Lev 24,16; vgl. Joh 10,31; Apg 7,58)*.

Die Tatsache aber, daß Jesus gekreuzigt wurde, machte deutlich, daß das Todesurteil nicht von Juden, sondern von Römern gefällt wurde, weil sie ganz offensichtlich in Jesus einen „Messias", einen Aufrührer und Freiheitskämpfer, sahen.

Matthäus wußte aus anderen Quellen, daß einflußreiche jüdische Kreise, vermutlich aus der Partei der Sadduzäer, lediglich die Auslieferung Jesu an Pilatus betrieben hatten in der berechtigten Annahme, daß der Römer ohne zu zögern das Todesurteil aussprechen würde, wenn man ihn darauf hinwiese, daß Jesus den Anspruch erhoben habe, der Messias zu sein *(vgl. Joh 18,31)*. Denn mit dem Messias-Titel verbanden die meisten Juden damals die Hoffnung auf einen Kriegshelden, der das Land mit Gewalt von der Römerherrschaft befreit. Darum hatte es Jesus geradezu peinlich vermieden, sich selbst als „Messias" zu bezeichnen. Er wußte, daß ein solcher Anspruch zwangsläufig zu einer politischen Fehldeutung seiner Sendung und zu einer gefährlichen Konfrontation mit der römischen Besatzungsmacht führen würde. Doch trotz aller Vorsicht konnte er es nicht verhindern, daß der Titel schon zu Lebzeiten von Außenstehenden auf ihn angewendet wurde. Die Denunziation, daß Jesus behauptet habe, der Messias zu sein, gab darum letztendlich den Ausschlag für seine Hinrichtung durch die römische Besatzungsmacht, wie die Kreuzesinschrift „König der Juden" zeigt *(vgl. Mk 8,27-30 parr.; 15,26.32)*.[116]

Matthäus erschien nach alledem die Frage des Hohenpriesters an Jesus, ob er der Messias und der Sohn Gottes sei, als höchst unwahrscheinlich. Zum einen wurde von den Juden niemand verfolgt, der sich als Messias ausgab. Zum anderen war „Gottessohn" weder ein jüdischer Messiastitel, noch wurde der Titel als Gotteslästerung verstanden. Weder die Frage des Hohenpriesters noch die Antwort Jesu, so glaubte Matthäus, dürfen darum als tatsächlich geschehen betrachtet werden. Er sah in der Szene eine Schöpfung christlicher Gemeinden, entstanden aus dem Bedürfnis, das Geheimnis der Person Jesu und seine Beziehung zu Gott zu bestimmen, und aus dem politischen Kalkül, die Römer zu entlasten und den Juden die Schuld am gewaltsamen Tod Jesu aufzubürden. Am liebsten hätte Matthäus deswegen die ganze Szene mit dem Verhör durch den Hohenpriester weggelassen.[117]

Aber das konnte er nicht wagen. Dafür sorgten Ignatios und seine Gesinnungsgenossen. Sie ignorierten – bewußt oder unbewußt – die Probleme, die sich aus den historischen Fakten ergaben, und verlangten, daß sich Matthäus an den Text der Markusvorlage halte und an das dort ausgesprochene Bekenntnis Jesu zu seiner Gottessohnschaft.

„Ist dir denn nicht bekannt, daß Jesus selbst sich schon längst vor der Passion und vor dem Verhör durch den Hohenpriester als ‘Sohn Gottes’ bezeichnet hat?“ wollte Ignatios wissen.

„Als ‘Sohn *Gottes*’?“, fragte Matthäus zurück.

„Als ‘Sohn’“, mußte Ignatios sich korrigieren.

„Genau, als ‘Sohn’! Und das auch nur zweimal. Aber schau dir diese zwei Worte, auf die du wahrscheinlich anspielst, einmal genau an! Das eine findet sich im Markusevangelium. Ich habe es unverändert auch in mein Evangelium übernommen. Dort spricht Jesus von seiner Wiederkunft: ‘Jenen Tag und jene Stunde kennt niemand, auch nicht die Engel im Himmel, nicht einmal *der Sohn*, sondern nur der Vater’ *(Mk 13,32; Mt 24,36)*. Das kann durchaus ein wirkliches Jesuswort sein. Denn die Bezeichnung ‘der Sohn’ deutet zwar eine Sonderstellung im Vergleich zu allen anderen Menschen an, sie hebt ihn aber auch von Gott ab, weil Jesus hier klar sagt, daß sein Wissen begrenzt ist.“

Ignatios erwiderte nichts darauf.

„Das zweite überlieferte Wort finde ich nicht bei Markus. Ich habe es aus einer anderen Quelle in mein Evangelium übernommen. Es ist, so möchte ich es nennen, ein Jubelruf Jesu. Auch hier ist von ‘*dem Sohn*’ die Rede: ‘Ich preise dich, Vater, Herr des Himmels und der Erde, weil du all das den Weisen und Klugen verborgen, den Unmündigen aber offenbart hast. Ja, Vater, so hat es dir gefallen. Mir ist von meinem Vater alles übergeben worden; niemand kennt *den Sohn*, nur der Vater, und niemand kennt den Vater, nur *der Sohn* und der, dem es *der Sohn* offenbaren will' *(Mt 11,25-27; Lk 10,21 f.)*. Ich glaube auch hier, daß Jesus dieses Wort wirklich gesagt hat. Er weist darauf hin, daß er den Vater wirklich *kennt* – anders als viele seiner Zeitgenossen, die ihn nur *zu kennen meinen*. Von Erkenntnis Gottes ist viel in der sogenannten Weisheitsliteratur des Tanach die Rede. Wer die Weisheit besitzt, erkennt Gott und wird von Gott erkannt. Man könnte sagen: Jesus tritt mit dem 'Jubelruf' in die Fußstapfen der göttlichen Weisheit.[118] Wer weise ist, wird von Gott erkannt *(vgl. Sir 1,8-10; Weish 8,3; Spr 8,22-30)*. Er erkennt umgekehrt in einzigartiger Weise den Vater *(vgl. Weish 9,4-8.11)*. Die Weisheit wird als Mittlerin der göttlichen Offenbarung vorgestellt. Weil Jesus den Vater kennt und weil der Vater ihn kennt, kann er den Unmündigen 'Weisheit', göttliche Weisheit anbieten.[119] Die Gemeinde, die dieses Wort weitergegeben hat, sieht in Jesus den vom Vater Bevollmächtigten und schreibt ihm alle Erkenntnis Gottes zu. Denn sie weiß um ihre Unmündigkeit. Aus Eigenem wäre sie nicht darauf gekommen. In Jesus aber hat Gott sich ihr erschlossen. Aus der Botschaft Jesu wird Offenbarung Gottes."[120]

„Und was willst du damit sagen?", fragte der über soviel Wissen reichlich erstaunte und zu keiner begründeten Entgegnung fähige Ignatios.

„Ich will damit sagen: Wenn Jesus von sich als '*dem Sohn*' gesprochen hat, ja selbst wenn er von sich als dem '*Sohn Gottes*' gesprochen hätte, dann wäre das wohl nur im Rahmen des vom Tanach her vorgegebenen *funktionalen* Verständnishorizontes und Interpretationsrahmens geschehen. Aus seiner Berufung und Sendung leitete er als praktische Konsequenz der befreienden Botschaft von der Liebe Gottes sein eigenes helfendes, ermutigendes, aufrichtendes Handeln ab."

„Aber du hast in deinem Evangelium doch selbst in der Szene mit Petrus geschrieben, daß Jesus ihm antwortete: 'Nicht Fleisch und Blut haben dir das geoffenbart, sondern *mein Vater* im Himmel'. Petrus hat also von Gott selbst erfahren, daß Jesus der Sohn

Gottes ist. 'Sohn Gottes', so sehe ich es, besagt die einzigartige, ewige Beziehung Jesu zu Gott, seinem Vater: Jesus ist der eingeborene Sohn des Vaters, ja Gott selbst. Um Christ zu sein, muß man glauben, daß Jesus der Sohn Gottes ist."[121]

„...die Frage ist nur, was man unter 'Sohn Gottes' versteht."

„Das kann ich dir genau sagen: Jesus Christus ist der eingeborene Sohn des Vaters, das ewige Wort und Wesensbild des Vaters. Er hat, ohne die göttliche Natur zu verlieren, die menschliche Natur angenommen. Jesus Christus ist wahrer Gott und wahrer Mensch. Er ist der einzige Mittler zwischen Gott und den Menschen."[122]

Matthäus blieb fest: „Ich bin mir gar nicht so sicher, ob das, was du da alles gesagt hast, aus dem abgeleitet werden kann, was uns an Worten Jesu und an Worten über ihn – etwa von Paulus – überliefert ist."

„Das behauptest du. Kannst du es auch belegen?", fragte Ignatios zurück, nun ebenfalls etwas spitz.

„Ich glaube schon," erwiderte Matthäus, der seine Ruhe wiedergewonnen hatte. „Als ersten nenne ich Paulus. Er war als jüdischer Theologe ausgebildet worden. Er wendete, soweit mir bekannt ist, in seinen Briefen als erster den Titel 'Sohn Gottes' auf Jesus an. Aber er geht dabei über das vom Judentum gegebene Vorverständnis nicht wesentlich hinaus.[123] Wenn Paulus von der Sendung des Sohnes spricht *(Röm 8,3ff)*, dann ist zunächst einmal anzunehmen, daß das Senden des Sohnes vor dem Hintergrund der Sendung der Propheten vor Jesus verstanden werden muß *(vgl. Jes 6,8)*. Denn Jesus, den Gott sandte, als die Zeit 'erfüllt war', ist – nach Paulus – 'geboren von einer Frau und *dem Gesetz unterstellt*' *(Gal 4,4)*. Wie der Gottesknecht im Buch des Propheten Jesaja *(vgl. Jes 42,1-7; 49,1-9; 50,4-9; 52,13-53,12)*, den Gott schon im Mutterleib berufen, den er erwählt und an dem er Wohlgefallen gefunden hat *(Jes 49,1; 42,1)*, der mißhandelt und zum Schlachten geführt wurde *(Jes 53,7)* und der die 'Sünden der vielen' *(Jes 53,12)* trug, so hat Gott auch diesen seinen eigenen 'Sohn' nicht verschont, sondern 'ihn für alle hingegeben' *(Röm 8,32)*. Immer wieder zitiert Paulus aus den Büchern der Propheten.

Das tut er doch offenbar, weil er will, daß man Jesus, den 'Sohn Gottes', von *diesem* Hintergrund her versteht."

Matthäus machte ein kleine Pause. Er schaute Ignatios an und sprach die folgenden Worte sehr langsam und betont: „Für mich bedeutet darum 'Sohn Gottes' etwas anderes als für dich. Jesus ist der 'Sohn Gottes' – das heißt für mich: Jesus ist als '*Sohn*' der menschlichste der Menschen; als 'Sohn *Gottes'* übersetzt er den dunklen, geheimnisvollen Begriff 'Gott' gleichsam ins Menschliche, ins Anschaulich-Faßbare. Wenn man auf Jesus blickt, weiß man, was Menschsein bedeutet und wie man sich als Mensch verhalten soll. Wenn man auf Jesus blickt, weiß man aber auch, wie Gott ist und wie er sich zum Menschen verhält. Weil Jesus, der Sohn Gottes, die Seinen bis zur Vollendung geliebt hat *(vgl. Joh 13,1)*, dürfen wir sagen, daß Gott *die* Liebe schlechthin ist *(vgl. 1 Joh 4,8.16)*. Von daher kann ich mir erklären, daß die Bezeichnung 'Sohn Gottes' eine überragende Bedeutung bekam. Leider" – Matthäus fixierte Ignatios – „leider hat die Bezeichnung durch die von griechischer Denkweise beeinflußte Interpretation eine sehr einseitige Ausprägung erfahren. Da wird nicht mehr gefragt, was Jesus *getan* hat, sondern was er *ist*. Die Mitmenschlichkeit Jesu, seine immer wieder bekundete Solidarität mit den Armen und Entrechteten, seine unbeirrbare Nächstenliebe kommen dabei entschieden zu kurz, obwohl dieser Aspekt durchaus in dem Begriff 'Sohn' mitschwingt. Paulus spricht vom 'Erstgeborenen unter vielen Brüdern'" *(Röm 8,29; vgl. auch Hebr 2,11ff)*.[124]

Doch Ignatios gab sich noch nicht geschlagen: „Du wirst doch zugeben müssen, daß bei Paulus auch davon die Rede ist, daß Jesus Gott gleich war."

„Du meinst die zwei Stellen im Brief an die Philipper und in einem seiner Briefe an die Korinther?"

„Genau!"

„Da heißt es: 'Er war Gott gleich, hielt aber nicht daran fest, wie Gott zu sein' und 'Einer ist der Herr: Jesus Christus. Durch ihn ist alles, und wir sind durch ihn' *(Phil 2,6; 1 Kor 8,6)*. Ich meine, diese Stellen könnten auch wieder gespeist sein von der jüdischen Weisheitsspekulation. Dort heißt es, daß die Weisheit ‘im Himmel wohnt’ *(Sir 24,4)* und daß Gott sogar den Thron mit ihr teilt *(Weish 9,10)*. Vielleicht spielt Paulus auch auf den Glauben an eine vorgeburtliche Existenz *aller* Menschen in Jahwe, dem ewigen Ich-bin-da-für...(die Menschen), an. Darüber hinaus sprach rabbinische Theologie wichtigen Größen der Heilsgeschichte eine Existenz *vor* der Erschaffung der Welt zu – zum Beispiel der Tora und dem Namen des Messias. Und weil Paulus im Philipperbrief einen Hymnus zitiert, der offenbar in seinen griechischen Gemeinden gesungen wurde, könnten auch Einflüsse einer bestimmten Richtung der griechischen Philosophie, der Gnosis, nicht auszuschließen sein. Die kennt einen Mythos vom ‘Urmensch-Erlöser’. In dem sieht sie eine Gestalt, die ihre göttliche ‘obere’ Geistwelt verläßt, um die Seelen der Menschen, die aus der Lichtwelt in die ‘untere’ Welt, in die Materie, abgesunken sind, zu sammeln.[125] Doch welche Einflüsse auch immer maßgebend waren, keine der Aussagen gibt etwas her für die Bestimmung einer ‘Wesensgleichheit’ Jesu mit Gott, dem Vater. Sie würde in deutlicher Spannung stehen zu dem Gedanken, daß Jesus das ‘Ebenbild Gottes’ ist. Der findet sich nämlich ebenfalls bei Paulus *(2 Kor 4,4.6)*.“

„Du bist wirklich sehr gelehrt. Das Material, daß du über Jesus gesammelt hast, ist gewaltig. Aber ich kenne eine Quelle, aus der ich unlängst schon die Texte zur Passion Jesu zitierte. Die bezeichnet Jesus als ‘Gott’ *(Joh 1,1; vgl. 1 Joh 5,20)*.[126]“

„Die Stelle ist mir inzwischen auch bekannt geworden.“ Matthäus ließ sich nicht aus der Fassung bringen. „Aber hast du sie dir genau angeschaut? Da steht nämlich interessanterweise vor dem griechischen Wort ‘theós’ kein Artikel (griech. ‘ho’), obwohl das an den Stellen, die sonst von ‘Gott’(-Vater) sprechen, immer geschieht *(vgl. Joh 3,16; 4,24 u.ö.)*. Und außerdem ist an anderen Stellen dieser Quelle ebenso deutlich der Unterschied zu Gott herausgestellt. Jesus selbst sagt von sich: ‘Der Vater ist *größer* als ich’ *(Joh 14,28)*; und er bekennt, dem ‘Sohn’ sei es ‘*gegeben*, das Leben in sich zu haben’ *(Joh 5,26)*. Du wirst zugeben müssen, daß hier ein deutlicher Widerspruch aufbricht. Ich meine, diese Doppeldeutigkeit soll deutlich machen, daß derjenige, der Jesus ‘Gott’ nennt, genauso in Bildern spricht wie derjenige, der ihn 'Lamm', 'Weg', 'Wahrheit', 'Leben', 'Licht', 'Weinstock' oder 'Brot' nennt."

„Und was willst du damit sagen?"

„Ich will damit sagen, daß auch der Begriff 'Sohn Gottes' als Bild zu verstehen ist. Bilder werden als Abbilder der Realität verstanden, nicht aber als die Realität selbst. Das gilt im Hinblick auf die Bezeichnungen 'Vater' für Gott und 'Sohn Gottes' für den König, für das Volk Israel, für jeden Gerechten, ja selbst für den Satan im Tanach *(vgl. Ps 89,28; Ex 4,22; Weish 2,18; Ijob 1,6)*. Das gilt auch für die auf Jesus bezogenen Bezeichnungen 'Gott' und 'Gottes Sohn' bei Paulus oder in der uns vorliegenden anderen Quelle. Dennoch besitzen (Ab-)Bild oder Ebenbild die gleiche Würde und Autorität wie die hinter ihnen stehende Wirklichkeit. So kann ich Jesus das 'Antlitz' oder 'Gesicht' Gottes, aber auch 'Wort' oder 'Sohn Gottes' nennen. Mit all diesen Bildbegriffen ist für mich das einzigartige Verhältnis Gottes zu Jesus und Jesu zu Gott ausgedrückt. 'Sohn Gottes' ist für mich der von Gott Gesandte, der letzte Bote, der aber auf eine andere Weise gesandt ist und einer anderen Ordnung angehört, als diejenigen, die ihm vorangingen. Er gleicht Gott mehr und ist auch mehr mit ihm verbunden als jeder andere, obwohl er dennoch oder vielleicht gerade deswegen nicht verschont wird und man ihm das Leben nimmt."

Als Ignatios nichts entgegnete, fuhr Matthäus fort: „Ein gutes Beispiel für das, was ich meine, liefert der Botenspruch, wie er besonders bei den Propheten anzutreffen ist: 'So spricht Gott:..' oder 'Spruch des Herrn' *(vgl. Gen 32,4-6; Jes 31,4-9 u.ö.)*. Der Überbringer einer Botschaft hatte sich dabei an eine bestimmte Redeform zu halten; er hatte im Ich-Stil des Auftraggebers zu sprechen, so, als ob dieser persönlich mit dem Empfänger der Botschaft rede. Der Bote erschien als Repräsentant der ihn sendenden Macht und realisierte deren Anwesenheit. Jesus tritt als der bevollmächtigte Repräsentant Gottes auf. Er versteht sich als von Gott gesandt *(Mt 10,40)* – zu den verlorenen Schafen des Hauses Israel *(Mt 15,24)*. Er ist der letzte Bote, den Gott sendet *(Mt 21,37)*."

Ignatios schwieg. Er wußte darauf nichts zu entgegnen. Dennoch schien er nicht überzeugt zu sein. Matthäus hatte längst die Erfahrung gemacht, daß auch die besten und durchschlagendsten Argumente den nicht überzeugen können, der sich gar nicht belehren lassen will. Und er hatte allen Grund anzunehmen, daß das bei Ignatios der Fall war.

XIX.

Es war eine lange Zeit vergangen seit dem Tag, als Matthäus begonnen hatte, sein Evangelium zu verfassen. Er hatte sich alles etwas einfacher und weniger schwierig vorgestellt und nicht geglaubt, daß ihm das Werk soviel Arbeit machen würde. Immer wieder hatte er die Textentwürfe mit seiner Frau besprochen, hatte manches geändert oder ganz weggelassen. Im Kreis seiner engsten Freunde hatte er öfters kleinere Abschnitte vorgetragen und zur Diskussion gestellt. Bei solchen Gesprächsrunden empfing er Lob und Kritik, Zustimmung und Ablehnung, vor allem aber viele Anregungen. Alles, was ihm richtig und wichtig erschien, baute er in den Text ein.

Der eine oder andere Abschnitt war auch schon im Gemeindegottesdienst vorgelesen worden. Doch bevor Matthäus das ganze Evangelium der Gemeinde übergeben würde, wollte er es noch von jemand aus seinem heidenchristlichen Bekanntenkreis lesen lassen, um feststellen zu können, ob seine Ausführungen auch von jenen verstanden würden, die den Tanach nicht oder nur spärlich kennen. Pnina schlug ihm Claudia, die Römerin, vor, die er in manchen Diskussionen und Gesprächen als aufmerksame, nachdenkliche und kritische Zuhörerin kennengelernt hatte. Matthäus war damit einverstanden.

Es dauerte eine Weile, bis Claudia den Text von Anfang bis Ende durchgearbeitet hatte. Sie ließ wissen, daß sie mit dem Verständnis mancher Stellen einige Schwierigkeiten hatte. Deshalb luden Pnina und Matthäus die couragierte Römerin in ihr Haus ein, um im ausführlichen Gespräch mit ihr die einzelnen Stellen durchgehen zu können.

„Ich will mit einer Gestalt anfangen, die mir reichlich rätselhaft erscheint,“ begann sie ihre Ausführungen.

„Mit dem Menschensohn, stimmt's?“, lachte Matthäus.

„Genau! Mir ist aufgefallen, daß Jesus in deinem Evangelium einmal davon redet, der Menschensohn habe die Macht, Sünden zu vergeben *(Mt 9,6)*, und er werde auf den Wolken des Himmels mit großer Macht und Herrlichkeit kommen, um Gericht über alle Völker zu halten *(Mt 24,29-31)*. Dann sagt Jesus, daß die Füchse ihre Höhlen und die Vögel ihre Nester haben, der Menschensohn aber habe nichts, wo er sein Haupt hinlegen kann *(Mt 8,20)*. Oder der Menschensohn sei nicht gekommen, um sich bedienen zu lassen, sondern um zu dienen *(Mt 20,28)*. Und schließlich spricht Jesus davon, daß der Menschensohn den Menschen ausgeliefert werde *(Mt 17,22)*, daß er viel leiden müsse *(Mt 17,12)*. Was gilt nun – die zukünftige Offenbarung dieses Menschensohnes in Macht und Herrlichkeit oder seine Heimatlosigkeit und sein Leiden? Wer oder was ist überhaupt mit dieser Gestalt gemeint? Hat sich Jesus selbst als Menschensohn bezeichnet?"

„Wenn ich dir darauf eine befriedigende Antwort geben könnte, wäre ich froh. Ich weiß es selbst nicht genau. Dir ist bekannt, daß ich für mein Evangelium Quellen verwendet habe – das Markusevangelium, die 'Redenquelle' und noch einige andere kleinere Texte. Dort ist schon vom 'Menschensohn' in bezug auf Jesus die Rede. Ob sich Jesus selbst so genannt hat oder ob ihm diese Bezeichnung erst nach seiner Auferweckung gegeben wurde, ist mir unbekannt."

„Aber wenn du selber nicht genau weißt, was mit dem Begriff gemeint ist, warum verwendest du ihn dann?", fragte Claudia etwas keck.

„Dir ist sicher bekannt, daß ich mit meinem Evangelium auch Juden erreichen will..."

„ ...und die wissen, wer oder was unter dem Menschensohn zu verstehen ist?", unterbrach ihn Claudia.

„Zumindest kommt das Wort in ihren Schriften vor. Der Prophet Ezechiel läßt sich von Gott stets als 'Menschensohn' anreden. Als diese Schrift entstanden ist, wurde wohl der Ausdruck 'Menschensohn' im Sinne von 'ein Mensch' oder 'jedermann' verwendet. Was Ezechiel gesagt wurde, betrifft also 'jedermann'. Aber heute redet kein Mensch mehr so."

„Und wie versteht man in jüdischen Kreisen den Begriff heute?"

„Für die jüdische Tradition hat die Schilderung von der Erscheinung des 'Menschensohns' im Buch Daniel besondere Bedeutung erlangt. Dort heißt es: 'Da kam mit den Wolken des Himmels einer *wie ein Menschensohn*. Er gelangte bis zu dem Hochbetagten und wurde vor ihn geführt. Ihm wurden Herrschaft, Würde und Königtum gegeben. Alle Völker, Nationen und Sprachen müssen ihm dienen. Seine Herrschaft ist eine ewige, unvergängliche Herrschaft. Sein Reich geht niemals unter' *(Dan 7,13f)*. Ein paar Verse später wird dieser 'Menschensohn' kollektiv mit dem Volk Israel gleichgesetzt *(Dan 7,27)*.[127] Und schließlich erscheint der Menschensohn noch in einigen Schriften, die nicht in den Tanach aufgenommen wurden. Dort ist er eine himmlische Gestalt, die die Gerechten retten und alle Menschen richten wird.“[128]

„Eine himmlische Gestalt, ein Richter an der Seite Gottes, das Volk Israel als ganzes, ein 'jedermann'...“, resümierte Claudia. „Du willst mit der Verwendung des Begriffs offenbar klar machen, daß man das alles in irgendeiner Weise auch von Jesus sagen kann: Er ist von Gott gesandt, um die Menschen zu retten und zu richten; er ist gewissermaßen der Erstling des neuen Volkes Israel und ist gleichzeitig 'jedermann', weil seine Liebe zu den Menschen, seine Hingabe bis in den Tod jedem Christen als Vorbild vor Augen stehen soll?“

„So ungefähr!“

„Hat Jesus sich selbst als Menschensohn bezeichnet?“

„Ich glaube nicht. Er verstand unter dem Menschensohn vermutlich nur den kommenden Richter im Buch Daniel. Vielleicht hat er sich in besonderer Nähe zu dieser Gestalt gesehen. Vielleicht wollte er mit dem Hinweis auf ihn seiner Botschaft und seinen Forderungen besonderen Nachdruck verleihen. Um das ganz deutlich zu machen, habe ich mir erlaubt, an einer Stelle in meinem Evangelium Jesus mit dem Menschensohn gleichzusetzen. Aber ich gebe zu, in der Quelle, die ich dafür benutzt habe, wird zwischen beiden unterschieden.“[129]

„Hast du damit nicht die Worte Jesu verfälscht?“

„Das ist ein harter Vorwurf, Claudia. Er könnte berechtigt sein, wenn ich der erste gewesen wäre, der das getan hat und der dann mit seinem Evangelium gewissermaßen den Anstoß für diese Gleichsetzung gegeben hätte. Aber das ist nicht so. Die Gleichsetzung des schon gekommenen Jesus mit dem noch zu erwartenden Menschensohn ist unter Judenchristen längst verbreitet."[130]

„Und warum hast du dann diese Gleichsetzung nicht überall in deinem Evangelium vorgenommen und anstelle von 'Menschensohn' das Wörtchen 'ich' gesetzt? Dann wäre die ganze Rätselraterei um die Gestalt des Menschensohnes nicht nötig."

„Weil ich meine, daß 'Menschensohn' ein sehr schöner und treffender Titel für Jesus ist, den man nicht einfach unterschlagen sollte. 'Menschensohn' ist ein 'horizontaler' Titel, mit dem der Weg Jesu durch die Geschichte beschrieben wird – ein Fremdling auf dieser Erde ohne Heimat, ohne 'Höhle' und 'Nest', einer, der sich nicht bedienen läßt, sondern der selber dient und sein Leben für andere einsetzt, ohnmächtig den Menschen ausgeliefert, zum Leiden und zum Tod verurteilt. 'Menschensohn' ist auch ein 'vertikaler' Titel – eine himmlische Gestalt, an der Seite Gottes stehend, ihm gebühren Herrschaft, Würde und Königtum, er ist von Gott, dem 'Hochbetagten', ausgegangen und kehrt in seiner Auferweckung wieder zu ihm zurück, um über die Völker Gericht zu halten. In dieser Hinsicht kommt der Menschensohn-Titel dem Gottessohn-Titel gleich."

Matthäus schwieg eine Weile.

„Dann könnte ich den Menschensohn-Titel als eine Art Chiffre oder Verschlüsselung verstehen: Christen, die wissen, was damit gemeint ist, verbinden damit ihre Erinnerungen an Jesus..."

„...und werden gleichzeitig zur Nachfolge aufgerufen, weil der Menschensohn ja 'jedermann', also 'jeder Christ' und 'jede Christin' ist."

„Und weil du dein Evangelium nicht nur für Christen, sondern auch noch für Juden und Heiden schreibst, sollen die Juden, denen der Titel aus ihren Schriften bekannt ist, angeregt werden, darüber nachzudenken, warum der Titel auf Jesus angewendet wird."

Matthäus nickte zustimmend.

„...und die Heiden, die keine Ahnung von allem haben, sollen neugierig gemacht werden, sich mit dieser Gestalt zu beschäftigen.“

„So könnte man’s sagen. Schließlich hat der Titel auch noch einen universalen Aspekt: Er bekennt Jesus als Weltenrichter. Ich habe in der Szene vor dem Hohenpriester den Gottessohn- und den Menschensohn-Titel zusammengeführt *(Mt 26, 63f)*. Die Horizontale – der ‘Menschensohn’ als Ausgelieferter und Verurteilter – und die Vertikale – der ‘Menschensohn’ als ‘Gottessohn’ und auf den Wolken des Himmels zum Gericht Wiederkehrender – schneiden sich im Kreuz. Der Hohepriester merkt das nicht. Erst der römische Hauptmann und sein Hinrichtungskommando, also die ‘Heiden’, begreifen, wer dieser ‘Menschensohn’, dieser ‘jedermann’, den sie da gerade zu Tode geschunden haben, in Wahrheit gewesen ist: ‘Er war Gottes Sohn’ *(Mt 27,54)*. Sie offenbaren damit, daß ‘Menschensohn’ zu einem universalen Titel geworden ist.“

Die drei saßen noch bis spät in die Nacht zusammen. Und je länger sie über das Evangelium sprachen und nach Lösungen für auftretende Fragen suchten, desto mehr wurde ihnen klar, daß die Worte und Taten Jesu letztlich unausschöpflich und uneinholbar bleiben. Daß dieser Jesus eine einmalige und einzigartige Gestalt gewesen war – ein Mann voller Lauterkeit, unbestechlicher Wahrhaftigkeit und absoluter Klarheit, von gewinnender Güte und einladender Freundlichkeit, – ein Mensch, bereit zu Versöhnung, zu Frieden, zu Gewaltlosigkeit, – ein Befreier, der schonungslos ungerechte Strukturen aufzeigte und der den Gefangenen im umfassenden Sinn Erlösung verhieß und bewirkte, – ein Jude, der das Gesetz, die Tora, radikal ernst nahm und der sich darum nicht oberflächlich an Paragraphen und Buchstaben hielt, sondern deren Geist zu verwirklichen suchte, – ein Freund der Kleinen und Schwachen, der Ohnmächtigen und Benachteiligten, der Armen und Verachteten, – ein Bruder der Kranken und Aussätzigen, der Besessenen und Geschundenen, der Leidenden und Sterbenden, – ein Menschenkenner, der hinter die Fassade der Wohlanständigkeit und Frömmelei schaute, der Heuchelei und Heimtücke unnachsichtig entlarvte, – ein Dienender voller Selbstlosigkeit und Zurückhaltung, Ehrlichkeit und Anstand, Demut und Bescheidenheit, – ein Lehrer, dem das Wort Gottes über alles ging und bei dem Leben und Lehre nicht auseinanderklafften, – ein Meister, der bereit war, seinen Schülern auch den niedrigsten Dienst zu erweisen, – ein Besessener von der Liebe zu Gott und den Menschen, der kompromißlos seinem Gewissen folgte und um seiner Sendung willen Leiden und Tod auf sich nahm, – ein Geschöpf, das voll Dankbarkeit und Freude die wundervollen Gaben der Schöpfung genossen hat, das freilich auch zu rigorosem Fasten und zu herbem Verzicht bereit war, wenn es die Situation erforderte, – ein „Sohn Gottes", zu dem Gott selbst sich bekannte, indem er ihn von den Toten auferweckte.

XX.

Am Pfingstfest wollte Matthäus der Gemeinde sein Evangelium vorstellen. Den ursprünglich mit schwarzer, aus Ruß hergestellter Tinte auf Papyrusblätter geschriebenen Text hatte er für dieses Ereignis auf Ziegenleder geschrieben, das nach einem in der Stadt Pergamon entwickelten Verfahren präpariert worden war. Dieses „Pergament“ war bedeutend haltbarer als Papyrus. Da es sich aber schlecht rollen ließ, war man dazu übergegangen, die einzelnen Blätter nicht mehr, wie bisher beim Papyrus üblich, aneinanderzukleben und aufzurollen, sondern übereinanderzulegen, in der Mitte zu falten und zusammenzunähen. So entstanden zuerst Hefte, die, wenn es der Umfang des Werkes erforderte, wiederum übereinandergelegt und miteinander vernäht wurden. Das ergab dann einen dicken Band mit beachtlichem Gewicht. Solch ein Band wurde als Codex bezeichnet. Auch für sein Evangelium benötigte Matthäus mehrere Hefte. So entstand ein richtiger Codex.

Bischof Euodios hatte die Vorstellung des Werkes schon Wochen zuvor der Gemeinde angekündigt und darum gebeten, daß alle möglichst vollzählig an diesem festlichen Ereignis teilnehmen.

Zuvor hatte Matthäus noch einmal eine intensive Arbeitsphase einlegen müssen, weil er seinem Evangelium eine Art kurze Zusammenfassung und einen zukunftsweisenden Abschluß geben wollte *(Mt 28,16-20)*. Auf die Schilderung von Erscheinungen des Auferweckten verzichtete er. Statt dessen sprach er lediglich davon, daß „die Jünger“ den Herrn „sahen.“ „Die Jünger“ – damit konnten jene Männer und Frauen gemeint sein, die damals zum engeren Freundeskreis Jesu gehörten, aber auch alle, die sich heute als Christinnen und Christen verstehen. „Sehen“ – das konnte bedeuten: Wahrnehmen mit den Augen, aber auch – für Matthäus viel wichtiger – das innerliche Gewahrwerden, das Ein-Sehen, das Erfahren. In dieser Weise konnte auch seine Gemeinde, konnten auch kommende Generationen den Auferweckten „sehen“.

Die „Jünger", die Jesus „sehen", reagieren unterschiedlich darauf. Die einen fallen anbetend nieder, die anderen zweifeln. Mit diesem, für die Jünger von damals eigentlich unverständlichen Verhalten konnte Matthäus die Situation der „Jünger" von heute in seiner Gemeinde andeuten, unter denen es Starke und Schwache, enthusiastisch Glaubende und skeptisch Zweifelnde, „Großgläubige" und „Kleingläubige" gab.

Matthäus erschien es wichtig, die Abschiedsszene auf einem „Berg" anzusiedeln. Das hatte er schon bei seiner großen Redekomposition so getan *(„Bergpredigt", Mt 5-7; bei Lk 6,17-49 ist es eine „Feldrede")*. Eine Reihe von Heilungstaten hatte er, anders als Markus, auf einem „Berg" geschehen lassen *(vgl. Mt 15,29-31 mit Mk 7,31-37)*. Auch die Erzählung von der Verklärung Jesu spielte auf einem „Berg", sogar auf einem „hohen Berg" *(Mt 17,1-9; vgl. Mk 9,2-10 und Lk 9,28-36)*. Daß der Auferweckte seine Jünger auf einen „Berg" bestellt, kann deutlich machen, daß er jetzt am Ende seiner „Laufbahn" angelangt ist. Seine Lehr- und Heilungstätigkeit, die schon einen „Höhe"-Punkt der Nähe Gottes offenbarte, erfuhr ihre erste Bestätigung durch die Himmelsstimme auf dem „Berg" der Verklärung: „Das ist mein geliebter Sohn, an dem ich Gefallen gefunden habe; auf ihn sollt ihr hören" *(Mt 17,5)*. Jetzt hatte Jesus den „Gipfel" erreicht. Durch die Auferweckung von den Toten hatte sich Gott endgültig zu ihm bekannt. Jetzt war er „eingesetzt als Sohn Gottes in Macht", wie Paulus im Römerbrief geschrieben hatte *(Röm 1,3)*. Aus dem ohnmächtig durch menschliche Gewalt am Kreuz Erhöhten *(vgl. Joh 3,14; 8,28)* war der mächtig durch göttliche Kraft überirdisch Erhöhte geworden, der nun vom „Berg" aus machtvoll seine Weisungen erteilte.

Jesus, das wollte Matthäus am Schluß seines Evangeliums noch einmal unmißverständlich deutlich machen, besitzt nunmehr unbeschränkte herrscherliche Vollmacht. Er ist der einzige und wahre Lehrer aller Völker. Doch diese Völker sollen nicht nur belehrt, sie sollen zu Jüngern gemacht werden. Es geht nicht um das Angebot einer Glaubenswahrheit, die man mit dem Kopf annehmen kann, ohne sie mit Herz und Tat zu befolgen. „Zu Jüngern machen" meint mehr. Das Modell dafür bietet das Verhältnis des historischen Jesus zu den Menschen, die von ihm in seine Nachfolge gerufen wurden.

Wer heute, in der Gemeinde des Matthäus und in der anbrechenden Zeit der Kirche, zur Nachfolge Jesu bereit ist, muß sich taufen lassen. Er muß sich der Führung des „Vaters" anvertrauen, wie es „der Sohn" getan hatte, getrieben von der Kraft des „Geistes" *(vgl. Mt 12,28).*[131]

Aufgabe der „Jünger", das heißt: aller Christinnen und Christen, ist es „zu lehren" – durch Wort und Tat. Leben und Lehre dürfen nicht auseinanderklaffen. Die Botschaft Jesu muß ihre Beglaubigung finden in vorbildlichem, beispielhaftem Handeln. Das Evangelium ist seinem inneren Charakter und Gehalt nach Lebenslehre für die Jüngerinnen und Jünger.

Im letzten Satz seines Evangeliums wollte Matthäus an den Anfang erinnern. Dort hatte er Jesus als „Immanuel", als „Gott mit uns", vorgestellt *(Mt 1,23).* Und er hatte im weiteren Verlauf seines Evangeliums immer wieder deutlich zu machen versucht, daß Gott helfend, rettend und schützend in Jesus seinem Volk nahe war *(vgl. Mt 8-10; 12,15-20).* Seine Nähe sollte nicht auf die kurze Zeit der historischen Wirksamkeit beschränkt bleiben. Sie sollte dauern „alle Tage bis zum Ende der Welt."

Für das Essen am Pfingsttag hatten die Frauen der Gemeinde ein festliches Menü zusammengestellt.[132] Mit Rücksicht auf die Gemeindemitglieder, die aus dem Judentum kamen, sollte es koscher sein.[133] Die Frauen hatten sich dafür entschieden, neben anderen Speisen gebratene Rindfleischstückchen sowie „gefüllten Fisch" kalt zu servieren. Neben der Fleisch- und Fischspeise backten die Frauen noch jede Menge Challa Bercha, das jüdische Zopfbrot.

So kam der große Tag des Pfingstfestes. Die Gemeindeältesten hatten eine reiche Familie, die das größte Haus in der Gemeinde besaß, darum gebeten, daß die Versammlung im geräumigen Innenhof dieses Gebäudes stattfinden dürfe. Für die festliche Feier des Herrenmahls war der Boden mit Teppichen und Matten bedeckt. Zahlreiche Kerzen brannten, und auch Blumenschalen fehlten nicht. Auf weißen Leinentüchern waren Challa Bercha, rotbackige Äpfel, goldgelbe Aprikosen und Quitten, helle und dunkle Trauben ausgebreitet. Auf großen, flachen Tellern lagen die Fischbällchen und die Rindfleischstückchen. Etwas abgesondert waren ungesäuerte Fladenbrote, Krüge mit Rotwein und einige kleinere Becher für das eigentliche eucharistische Hochgebet auf den Tüchern verteilt. Die Ankommenden hatten sich festliche Kleider angezogen und begrüßten sich freundschaftlich. Matthäus war es nicht entgangen, daß Ignatios und einige andere Gemeindeglieder, die seinem Evangelium nicht wohlgesonnen waren, der Einladung des Euodios keine Folge geleistet hatten.

Als auch der Gemeindeleiter, Bischof Euodios, eintraf, konnte der Gottesdienst mit einem fröhlichen Lied beginnen. Die Anwesenden begleiteten es rhythmisch händeklatschend. Einige hatten sogar Flöten und Trommeln mitgebracht, die sie hier einsetzen konnten. Nachdem Euodios die Gemeinde begrüßt hatte, nahmen alle neben den Leinentüchern auf den Teppichen Platz. Für Matthäus und seine Frau Pnina waren Ehrenplätze neben dem Bischof hergerichtet worden.

Euodios erinnerte daran, daß sie heute abend nicht nur zur Feier des Pfingstfestes zusammengekommen seien. Es bestehe noch ein anderer Anlaß zum Feiern. Auf einen Wink des Bischofs brachten zwei kräftige Jungen den Codex mit dem Evangelium des Matthäus. Schon beim Anblick des umfangreichen Werkes begann die Gemeinde zu klatschen. Matthäus bedankte sich freundlich durch Kopfnicken.

Nun konnte der Bischof seine Rede beginnen.

„Liebe Gemeinde! Euch ist nicht verborgen geblieben, daß unser lieber Matthäus seit Monaten an einem Werk gearbeitet hat. Nun ist es vollendet. Er hat ihm nicht die Überschrift ‘Evangelium’ gegeben, sondern ‘Buch der Geschichte Jesu Christi, des Davidssohnes, des Abrahamssohnes’.[134] Dem König David wurde von Gott ein ewiger Bund gewährt *(2 Sam 23,5)*. Seinem Sohn hat Gott verheißen, daß er selbst ihm Vater sein werde *(2 Sam 7,14)*. ‘Davidssohn’ ist darum zum Würdetitel des Messias geworden. Abraham wurde verheißen, daß seine Kinder so zahlreich sein werden wie die Sterne am Himmel *(Gen 15,5)* und daß durch ihn alle Geschlechter der Erde Segen erlangen sollen *(Gen 12,3)*. Wenn wir uns zu Jesus, dem Davids- und Abrahamssohn bekennen, so bezeugen wird damit, daß dieser Jesus für uns der Messias, der Retter und Befreier des neuen Israel, ist und daß alle Völker der Erde durch ihn Segen erlangen werden.

Das, was Matthäus mit der Überschrift seines Evangeliums ankündigt, wird auf vielen Seiten entfaltet. Für Christen, die aus dem Judentum kommen, greift Matthäus immer wieder auf Stellen aus dem Tanach zurück, um zu belegen, daß in den heiligen Schriften des Volkes Israel bereits auf den Messias hingewiesen wird und daß diese vielfältigen Ankündigungen für uns in der Gestalt des Mannes aus Nazaret Wirklichkeit geworden sind. In der großartigen Komposition der Bergpredigt zeigt er Jesus als messianischen Lehrer und Propheten, als endzeitlichen Mose, der dem Volk Gottes die 'Erfüllung' der Tora verkündigt in der das 'alte' Gesetz überbietenden Gerechtigkeit, Treue und Liebe Gottes. Weil Jesus für uns der Messias ist, bezeichnet Matthäus die Machttaten Jesu als 'Werke des Messias' *(Mt 11,2)*. Matthäus vergißt in seinem Evangelium auch nicht, darauf hinzuweisen, daß selbst Pilatus in Jesus *einen*, wenn auch nicht *den* Messias erkannt hat, sonst hätte er nicht die Kreuzesinschrift 'König der Juden' anbringen lassen. Doch wer Jesus wirklich war, ist erst durch seine Auferweckung für uns deutlich geworden. Er hat sich für uns Christen damit nicht nur als Messias für Israel, sondern als *der* Messias, als *der* Christus für die ganze Welt geoffenbart. Und diese Botschaft sollen wir hinaustragen in alle Welt. Doch den Abschnitt, der davon erzählt, will euch Matthäus selber vorlesen."

Es war sehr still geworden im Geviert des Innenhofs, über dem sich inzwischen ein dunkler Sternenhimmel wölbte. Nur die Fackeln, die an den Wänden angebracht worden waren, und die Kerzen auf den Leinentüchern warfen ein rötlich-gelbes, warmes Licht auf die Versammlung. Matthäus bat die beiden Jungen, die den Codex herbeigebracht hatten, ihn in Augenhöhe zu halten. Während er behutsam die letzte Seite seines Werkes aufschlug, erhob sich die Gemeinde.

Matthäus begann. Seine Stimme zitterte vor Aufregung und Freude: „Die elf Jünger gingen nach Galiläa auf den Berg, den Jesus ihnen genannt hatte. Und als sie Jesus sahen, fielen sie vor ihm nieder. Einige aber hatten Zweifel. Da trat Jesus auf sie zu und sagte zu ihnen: Mir ist alle Macht gegeben im Himmel und auf der Erde. Darum geht zu allen Völkern, und macht alle Menschen zu Jüngern und tauft sie auf den Namen des Vaters und des Sohnes und des Heiligen Geistes, und lehrt sie, alles zu befolgen, was ich euch geboten habe. Seid gewiß: Ich bin bei euch alle Tage bis zum Ende der Welt" *(Mt 28,16-20)*.

Als erster brach Euodios das Schweigen. Er trat zu Matthäus und reichte ihm beide Hände. „Danke, danke!" Dann erhob sich ein lauter Beifallsturm: „Großartig, Matthäus!" – „Ausgezeichnet!" – „Das ist unser Evangelium!" – „Ein Evangelium für alle Völker!" – „Die Botschaft Jesu für alle Menschen!"

Matthäus war zutiefst berührt. Er legte die rechte Hand auf die Schulter seiner Frau Pnina. Schließlich hob er die linke. In der Gemeinde kehrte wieder Ruhe ein. „Liebe Gemeinde, ich danke euch von Herzen, daß ihr mein Evangelium so begeistert aufgenommen habt. Viele haben daran mitgewirkt mit Anregungen, mit Fragen, mit Verbesserungsvorschlägen. Manche haben mir die eine oder andere Aufzeichnung von Jesusworten oder -taten zukommen lassen. Vor allem hat mir meine liebe Frau Pnina geholfen. Sie hat mir immer wieder Mut gemacht, wenn Schwierigkeiten auftraten oder wenn ich nicht mehr weitermachen wollte. Jedes einzelne Wort haben wir miteinander durchgesprochen. Ihre aufbauende Kritik hat mir geholfen. Ihre Ideen haben mich oft gelehrt, manche der überlieferten Jesusgeschichten anders und tiefer zu sehen. Ich kann ihr nicht genug dafür danken."

Nun gab es auch für Pnina kräftigen Beifall.

Während seiner Dankesrede war es Matthäus nicht entgangen, daß noch einige Sklaven und Tagelöhner gekommen waren, die auch zur Gemeinde gehörten. Etwas beschämt wegen ihres Zuspätkommens standen sie verschüchtert neben dem Eingang. Matthäus ging zu ihnen und begrüßte sie. Die Neuankömmlinge entschuldigten sich, sie hätten nicht früher kommen können, weil ihre Dienstherren und Arbeitgeber sie nicht eher gehen gelassen hätten. Und außerdem hätten sie sich noch waschen und saubere Kleider anziehen müssen – „damit wir nicht so nach Schweiß riechen," wie einer sagte. Matthäus lachte und bat sie, mit nach vorn zu kommen. Neben ihm und seiner Frau sei noch etwas Platz.

Nachdem auch Bischof Euodios sie begrüßt hatte, bat er die Anwesenden, wieder Platz zu nehmen. „Wir wollen jetzt in Freude und Dankbarkeit Mahl halten. Eßt und trinkt von den köstlichen Gaben, die uns Gott geschenkt hat! Genießt die Liebe, die sich darin verbirgt!"

Die Gemeinde ließ es sich schmecken. Zunächst war es ziemlich still, weil alle nach den langen Reden Hunger bekommen hatten und sich zunächst einmal satt essen wollten. Aber allmählich fanden sie Zeit zum Gespräch, das natürlich heute abend vor allem um Matthäus und sein Werk kreiste. Manche hatten schon den einen oder anderen Abschnitt daraus gelesen. Alle waren voller Bewunderung. Und ein klein wenig waren sie auch stolz darauf, daß dieses Werk in ihrer Gemeinde entstanden war und daß manche am Zustandekommen mitgewirkt hatten. Einige Optimisten meinten sogar, das Buch werde überall in der Welt Verbreitung finden. Noch in hundert oder tausend Jahren werden Menschen darin lesen. Andere stellten das Evangelium an die Seite der Fünf Bücher Mose und meinten, es sei damit so etwas wie eine Tora der Christengemeinschaft entstanden. Einige wenige nahmen aber auch Anstoß daran, daß die Pharisäer in dem Buch viel zu schlecht wegkommen: „Die nahmen ihren Glauben mindestens genauso ernst wie wir. Und vermutlich war Jesus selber wenn schon nicht Mitglied, dann zumindest ein Sympathisant der Pharisäer." Aber insgesamt überwog bei weitem eine positive Einschätzung des

„Buches der Geschichte Jesu Christi, des Davidssohnes, des Abrahamssohnes."

Als alle sich sattgegessen und -getrunken hatten, erhob sich Euodios.

„Wir feiern miteinander Eucharistie. Wir danken für alles Wunderbare, was Gott an uns und für uns getan hat. Wir danken für Jesus, das Geschenk Gottes an uns. Wir danken für sein Evangelium von der Liebe und Treue Gottes. Wir danken für sein heilbringendes Handeln. Wir danken, daß der Messias Jesus als der Auferweckte unsichtbar in unserer Mitte weilt und daß er sich uns in Brot und Wein zur Speise gibt."

„Amen, amen, amen", antwortete die Gemeinde.

Euodios schlug im Codex des Matthäus die Stelle auf, die vom Abschiedsmahl Jesu erzählt, und las mit lauter Stimme: „Als es Abend wurde, begab sich Jesus mit den zwölf Jüngern zu Tisch. Während des Mahls nahm Jesus das Brot und sprach den Lobpreis; dann brach er das Brot, reichte es den Jüngern und sagte: Nehmt und eßt; das ist mein Leib. Dann nahm er den Kelch, sprach das Dankgebet und reichte ihn den Jüngern mit den Worten: Trinkt alle daraus; das ist mein Blut, das Blut des Bundes, das für viele vergossen wird zur Vergebung der Sünden" *(Mt 26,20.26-28)*.

Dann nahm Euodios einen Krug mit Wein und hob ihn empor[135]: „Wir sagen dir Dank, unser Vater, für den heiligen Weinstock Davids, deines Knechtes, den du uns kundgetan hast durch Jesus, deinen Knecht. Dir die Ehre in Ewigkeit!"

Euodios goß Wein aus einem Krug in einen kleineren Becher und reichte ihn an Matthäus. Der trank daraus und gab ihn weiter an seine Frau. Nachdem auch sie getrunken hatte, gab sie den Becher an Euodios zurück, der nun ebenfalls daraus trank. Nun gossen sich auch die an der Eucharistiefeier teilnehmenden Frauen und Männer der Gemeinde aus den Krügen, die auf den Leinentüchern standen, Wein in ihre Becher und tranken daraus.

Danach nahm Euodios ein Fladenbrot in seine Hände und teilte es in zwei Teile: „Wir sagen dir Dank, unser Vater, für das Leben und die Erkenntnis, die du uns kundgetan hast durch Jesus, deinen Knecht. Dir die Ehre in Ewigkeit! Wie dieses Brot zerstreut war auf den Hügeln hin und nun zusammengebracht eines geworden ist, also werde zusammengebracht deine Kirche von den Enden der Erde in dein Reich. Denn dein ist die Herrlichkeit und die Macht durch Jesus Christus in Ewigkeit."

Euodios reichte die eine Hälfte des Brotes an Matthäus, der sie mit Pnina teilte. Auch die Anwesenden nahmen von den auf den Leinentüchern liegenden Broten, teilten sie untereinander und aßen davon.

Nachdem alle gegessen hatten, erhob Euodios nochmals seine Stimme: „Wir sagen dir Dank, heiliger Vater, für deinen heiligen Namen, dem du ein Zelt bereitet hast in unseren Herzen, und für die Erkenntnis und den Glauben und die Unsterblichkeit, die du uns kundgetan hast durch Jesus, deinen Knecht. Dir die Ehre in Ewigkeit! Du, Herr, Allherrscher, hast alles erschaffen um deines Namens willen. Speise und Trank hast du den Menschen gegeben zur Erquickung, damit sie dir danken. Uns aber hast du gegeben geistliche Speise und Trank und ewiges Leben durch Jesus, deinen Knecht. Vor allem sagen wir dir Dank, daß du mächtig bist. Dir die Ehre in Ewigkeit! Gedenke, o Herr, deiner Kirche, sie zu entreißen allem Bösen und sie zu vollenden in deiner Liebe und bringe sie heim von den vier Winden, die geheiligte, in dein Reich, das du ihr bereitet hast. Denn dein ist die Macht und die Herrlichkeit in Ewigkeit"

„Amen," antwortete die Gemeinde. „Amen. Hosanna dem Hause Davids! Maranatha![136] Amen!"

„Ich habe meine Phantasie spielen lassen und mir vorgestellt, wie das Matthäusevangelium entstanden sein könnte. Könnte!“, so hatte ich in der Einleitung geschrieben. Mit meinen Ausführungen wollte ich veranschaulichen, daß das Evangelium nicht ein Werk ist, bei dem der Heilige Geist dem Evangelisten die Worte gleichsam ins Ohr geflüstert hat, wie man sich das früher gerne ausmalte und wie es auf Bildern alter Meister zu sehen ist.

Spätestens das Zweite Vatikanische Konzil hat mit dieser Vorstellung aufgeräumt: „Gott hat in der Heiligen Schrift durch Menschen nach Menschenart gesprochen.“ Und das Konzil hat den Schrifterklärern eingeschärft, „genau auf die vorgegebenen umweltbedingten Denk-, Sprach- und Erzählformen zu achten, die zur Zeit des Verfassers herrschten, wie auf die Formen, die damals im menschlichen Alltagsverkehr üblich waren.“ Nur so kann er „richtig verstehen, was der heilige Verfasser in seiner Schrift aussagen wollte“ (Offenbarungsdekret, Art. 12).

Selbstverständlich können wir das alles nicht mehr bis ins Detail klären. Wir werden es nie schaffen. Aber wir müssen lernen, daß jedes Evangelium in unlösbarem Zusammenhang steht mit der Zeit und Umwelt, in der es entstanden ist. Wir müssen erkennen, daß jedes Buch, jeder Satz eingebettet ist in ein höchst kompliziertes Gewebe, in einen Kon-Text situationsbedingter Faktoren (Text kommt vom lateinischen „texere“ = weben, flechten, bauen, zimmern). Wir müssen begreifen, daß die Heilige Schrift nicht vom Himmel gefallen ist, sondern daß Menschen aus Fleisch und Blut an ihr gearbeitet haben. Es waren Menschen, die ganz bestimmte Ideen verfolgten, die ihre Lieblingsvorstellungen und „Leitmotive“ besaßen, die in ihrem Wissen und Denken begrenzt und eingeschränkt waren. Intensiv werden sie über das von ihnen schriftlich zu fixierende Wort nachgedacht haben. Lebendiger Gedankenaustausch und lebhafte Diskussionen, Beifall und Buhrufe, vielleicht auch Schmähungen und Anfeindungen haben ihr Werk begleitet. Interessenkonflikte und Meinungsverschieden-

heiten innerhalb ihrer „Kirche" mußten mit dem Maßstab Jesu gemessen und bewältigt werden. Konkrete Ereignisse und Probleme des Alltags, Konflikte in der Gemeinde, existentielle Krisen mancher ihrer Mitglieder haben nach Deutung im Licht der Botschaft Jesu, nach konkreter Antwort und Lösung verlangt. Die Rückbesinnung auf die Geschichte (insbesondere des Volkes Israel), das kritische Wahrnehmen gesellschaftlicher und politischer Entwicklungen in der Gegenwart, der Blick auf die profane Realität am Ort haben manches aus der Zeit des historischen Jesus Überlieferte in ein anderes Licht gerückt und neue Perspektiven eröffnet. Das alles ist in die Schrift miteingeflossen und hat dort seine nicht immer auf den ersten Blick sofort erkennbaren Spuren hinterlassen.

Eine genauere Kenntnis dieser höchst komplexen Entstehungsbedingungen müssen wir uns heute erst wieder mühsam erwerben. Erst der Blick auf den damaligen „Kontext" einer theologischen, christologischen oder ekklesiologischen Aussage ermöglicht die richtige Übersetzung ins Heute. Denn „alles ist kontextual, auch jene Theologen, die es nicht sein wollen, sondern die absolut und universal sein möchten" (O. Fuchs[137]).

Zu fragen bleibt letztendlich, warum das Evangelium des Matthäus – trotz seiner hier (allzu?) phantasievoll ausgemalten, scheinbar recht „profanen" Entstehungsgeschichte – nicht nur zu einem „Bestseller" wurde, sondern zur "Heiligen Schrift". Warum es als „theopneústos" (griech. = gottgehaucht; lat. = divinitus inspirata; vgl. 2 Tim 3,16) betrachtet wurde. Die Antwort kann sehr einfach lauten: Weil das Matthäusevangelium ein „Bestseller" war, wurde es Heilige Schrift. Die Gemeinde fand darin ihren Glauben ausgesprochen. Und weil sie sich in ihrem gesamten Lebens- und Glaubensprozeß vom Geist Gottes getragen („inspiriert") sah, konnte sie auch das, was sie als authentische Urkunde ihres Glaubens betrachtete, als „inspiriert", als vom (heiligen) Geist Gottes getragen, als „heilige" Schrift ansehen. Dieses ihr authentisches und autorisiertes Glaubenszeugnis wurde für sie selbst zur

Richtschnur (griech. = Kanon) ihres Lebens und Handelns aus der Botschaft Jesu Christi. Gewiß, es ist (und bleibt) „nur" das Evangelium „nach" Matthäus. Das heißt: Es enthält jene Sicht, jene Deutung, jene Wertung, jene Akzeptanz der Botschaft Jesu, wie sie im Kontext einer konkreten Situation gleichsam ausschnitthaft und „subjektiv" von Matthäus und seiner Gemeinde vorgenommen wurde. Aber weil die Fülle des in Jesus vernehmbar gewordenen Gotteswortes jegliche menschliche Erkenntnis übersteigt, glaubte die Gemeinde, daß „ihr" Evangelium dazu beitragen kann, die „tiefe und reiche Einsicht zu erlangen und das göttliche Geheimnis zu erkennen, das Christus ist" (Kol 2,2).

So wurde der Bestseller zur Heiligen Schrift.

Anmerkungen

1 Die meisten Exegeten vertreten die Ansicht, daß das Evangelium in einer größeren Stadt entstanden ist, in der Juden, Griechen und Angehörige anderer Volksgruppen („Heiden") lebten. Die Stadt besaß eine größere christliche Gemeinde, zu der Menschen unterschiedlicher Herkunft und sozialer Stellung gehörten. Vieles spricht für die Annahme, daß das Evangelium in *Antiochia* in Syrien entstanden ist. Dort gab es viele Juden; die Gemeinde war von Anfang an hellenistisch und für die Heidenmission offen. Von dort hatte Paulus seine Missionsreisen begonnen. Dort hatte sich Petrus längere Zeit aufgehalten (vgl. Gal 2,11-14). Alte Quellen sehen in ihm sogar den ersten Leiter der Gemeinde („Bischof"). Darüber hinaus könnten die Petrustraditionen von Mt 16,17-19 nach Antiochia weisen. „M.E. ist Antiochien nicht die schlechteste Hypothese" (U. Luz, Das Evangelium nach Matthäus [EKK I/19], Zürich/ Neukirchen ³1992, S. 74).
Die Zerstörung Jerusalems (70 n.Chr.) lag zur Zeit der Abfassung des Mt schon etliche Jahre zurück (vgl. Mt 22,7). Die selbstbewußte Christengemeinde hatte sich vom Judentum gelöst. Dabei war es zu erheblichen Spannungen gekommen (vgl. Mt 27,25; 10,17; 23,34). Die Kirche fühlte sich als das wahre „Volk Gottes" (Mt 21,43).
Als Abfassungszeit kommen die Jahre um 90 n.Chr. in Frage.
Zwar wird in der altkirchlichen Überlieferung der Apostel Matthäus als Autor genannt. Aber diese Ansicht ist nicht zu halten. Denn der Verfasser benutzt das griechisch geschriebene Markusevangelium als Vorlage und ist auch in dem Redegut, das er überliefert, von einer ebenfalls griechisch geschriebenen „Spruchquelle" (auch „Logienquelle" genannt) abhängig; er zitiert das Alte Testament aus der griechischen Übersetzung, der „Septuaginta", und er vertritt eine schon fortentwickelte Gemeindetheologie und -struktur. Als Autor kommt daher wohl ein unbekannter schriftgelehrter Heidenchrist in Frage.
Matthäus spannt das Wirken Jesu zwischen zwei scheinbar gegenläufige Pole. Einerseits betont er wie kein anderer Evangelist, daß die Sendung Jesu ausschließlich dem Volk Israel gilt (vgl. Mt 15,24). Matthäus schreibt das „jüdischste" aller Evangelien, „überzogen mit einer Vielfalt von Reflexionszitaten, um Schriftgemäßheit und damit Gottgewolltheit des Wirkens und Schicksals Jesu zu erweisen, und geprägt von schriftgelehrter Argumentationsweise und einer positiven Grundeinstellung zur Tora, wie sie sich sonst allenfalls noch im Jakobusbrief findet" (H. Gollinger, Heil für die Heiden – Unheil für die Juden?, in: M. Marcus/E.W. Stegemann/E. Zenger, Israel und Kirche heute, FS E.L. Ehrlich, Freiburg/Basel/Wien 1991, S. 201-211; hier: S. 202 f.). Andererseits zeigt das Evangelium eine deutlich pro-heidnische Tendenz: Matthäus möchte die Frage beantworten, wie es zur Heidenkirche kommen konnte. Das Evangelium durchzieht somit eine „partikularistische, pro-jüdische" und eine „universalistische, pro-heidnische Linie." Es ist gekennzeichnet von einer „bipolaren Konzeption" (H. Gollinger, a.a.O.). Dies ist für eine sachgemäße Auslegung zu beachten.

2 Vgl. zum Folgenden: F. Kolb, Die Stadt im Altertum, München 1984; J. Lassus,

La ville d'Antioche à l'epoque romaine d'après l'archéologie, in: Principat. Aufstieg und Niedergang der römischen Welt, Bd. 8, Berlin/New York 1977, 55-102.

3 *Ares*, der Kriegsgott und Sohn des Zeus und der Hera, *Aphrodite*, die Liebesgöttin, – *Artemis*, die Göttin der Jagd, – *Athene*, die Lieblingstochter des Zeus und Patronin des Handwerks und der Künste , – *Calliope*, die Nymphe und Patronin der Stadt, – *Herakles*, der tapfere Held, – *Hermes*, der Gott der Herden, des Handels, der Wege und des Verkehrs, der Diebe und Betrüger, – *Io*, die Geliebte des Zeus, – *Kronos*, der Ernte- und Erdgott, der Sohn von Uranus und Gäa, der seine eigenen Kinder verschlang, mit Ausnahme des Zeus, – *Tyche*, die Göttin des Schicksals und (später) des blindwaltenden Zufalls, – *Zeus Philios* und *Zeus Olympios* – sie alle hatten ihren Tempel. Später, in römischer Zeit wurden noch Tempel für *Jupiter Capitolinus*, *Dionysos* und *Pan* errichtet.

4 Nach H. Kreissig hat sich das Christentum des 1. Jahrhunderts „nicht so sehr unter 'Proletariern' oder allein arbeitenden Kleinsthandwerkern oder gar Kleinbauern, sondern vielmehr in den städtischen Kreisen wohlsituierter Handwerker, Händler und Angehöriger freier Berufe ausgebreitet" (H. Kreissig, Zur sozialen Zusammensetzung der frühchristlichen Gemeinden im ersten Jahrhundert u..Z., in: Eirene 6 [1967] S.91-100; hier: S. 99). E.A. Jugde vertritt sogar die Ansicht: „Das vorherrschende Element (des Christentums dieser Zeit, N.S.) stammte aus der selbstbewußten Oberschicht der Großstädte" (E.A. Judge, Christliche Gruppen in nichtchristlicher Gesellschaft, Wuppertal 1964,S.58 ff.). Vgl. E.W. und W. Stegemann, Urchristliche Sozialgeschichte, Stuttgart/Berlin/Köln 1995, S.250. – Es gibt keinerlei Überlieferung, die in Matthäus einen Kaufmann sieht. Matthäus als Kaufmann ist also freie Erfindung. Eine plausible Begründung für diese „Berufswahl" sehe ich in der Tatsache, daß das Mt.-Evangelium sehr rasche Verbreitung fand, die vielleicht durch vielfältige Handelskontakte des Verfassers begünstigt wurde. Darüber hinaus gibt dieser „Beruf" des Matthäus die Möglichkeit, das Gleichnis vom gütigen Arbeitsherrn (Mt 20,1-16) entsprechend zu illustrieren (s.u.).

5 Vgl. Mt 5,41. Eine römische Meile = ca. 1,5 km.

6 F. Kolb, Die Stadt im Altertum, München 1984, S.249-252. Kolb referiert hier den antiochenischen Rhetor Libanios, der das Leben der Stadt im 4. Jahrhundert beschreibt (ed. R. Förster, Bd. I-XII, Leipzig 1903-1922).

7 Vgl. F. Kolb, Die Stadt im Altertum, München 1984, S.246.

8 Abot I,5; hier zit. nach J. Blank, Das Evangelium nach Johannes (GSl 4,1a), Düsseldorf 1981, S.286. Zum negativen Urteil über die Frau vgl. Bill III, 611f., Absatz 3.

9 „Tanach" ist ein aus den Anfangsbuchstaben der Wörter T = „**T**orá" (= Gesetz, Lehre), N = „**N**ebiím (= Propheten) und K, unter bestimmten phonetischen Bedingungen CH = „**K**etubím" (= Schriften) gebildetes, nachbiblisches Akronym für die jüdische Bibel. Die einzelnen Bücher sind dort anders zu- und angeordnet als in der christlichen Bibel, im Alten bzw. Ersten Testament. Einige in die christliche Bibel aufgenommene Schriften sind im Tanach nicht

enthalten. Zur *Tora* gehören: Gen, Ex, Lev, Num, Dtn; zu den *Propheten*: die früheren Propheten Jos, Ri, 1 und 2 Sam, 1 und 2 Kön; die späteren Propheten: Jes, Jer, Hes (= Ezechiel), Hos, Joel, Am, Obd, Jona, Mi, Nah, Hab, Zef, Hag, Sach, Mal; zu den *Schriften:* Ps, Spr, Ijob, Hld, Rut, Klgl, Koh, Est, Neh, 1 und 2 Chron.

Im (christlichen) Alten bzw. Ersten Testament sind die Schriften anders geordnet: *Fünf Bücher Mose* (Gen, Ex, Lev, Num, Dtn), *Bücher der Geschichte des Volkes Israel* (Jos, Ri, 1 und 2 Sam, 1 und 2 Kön, 1 und 2 Chron., Esr, Neh, Tob, Jud, Est, 1 und 2 Makk), *Bücher der Lehrweisheit und die Psalmen* (Ijob, Ps, Spr, Koh, Hld, Weish, Sir), *Bücher der Propheten* (Jes, Jer, Klgl, Bar, Ez [=Hesekiël], Dan, Hos, Joel, Am, Obd, Jona, Mi, Nah, Hab, Zef, Hag, Sach, Mal). Da dieser christliche Kanon erst später festgelegt wurde, wird hier vom Tanach gesprochen.

[10] 1994 stieß der Journalist Chris Mann bei Arbeiten zu einem Fernsehfilm auf ein neueres Verzeichnis von Personennamen, die sich auf jüdischen Gebeinkästen aus neutestamentlicher Zeit befanden. Darunter waren auch sechs Kalksteinsärge mit den genannten Inschriften, die der israelische Archäologe Josef Gath 1980 in einem jerusalemer Vorort entdeckt hatte. Bereits 1926 war im Magazin des Rockefeller-Museums in Jerusalem ein ähnliches Ossuar gefunden worden, das ebenfalls den Namen „Jesus, Sohn des Josef" trug (vgl. R. Riesner, Wurden in Jerusalem die Särge Jesu und seiner Familie gefunden?, in: BiKi 3/1996, S.133-137).

[11] Für den Gebrauch des Alten Testaments durch Matthäus „ist kennzeichnend, daß nicht vom Standpunkt der Schrift aus das Leben Jesu betrachtet wird, sondern umgekehrt vom Standpunkt des Lebens Jesu aus in das AT zurückgefragt wird" (J. Gnilka, Das Matthäusevangelium [HThK I,2], Freiburg/Basel/ Wien 1986/1988, S.516)

[12] Jes 42,1-9; 49,1-9; 50, 4-9; 52,13-53,12.

[13] Zit. nach: E. Stauffer, Jerusalem und Rom. Dalp-Tb..331, Bern 1957, S.28 f.

[14] Sueton (75-150 n.Chr.), Divus Augustus 94, 1 ff.; zit. nach: E. Beck, Gottes Sohn kam in die Welt, Stuttgart 1977, S.45 f.

[15] um 2300 v.Chr.

[16] „Meine Mutter war eine Tempelherrin, meinen Vater kenne ich nicht... Meine Mutter ...empfing mich, gebar mich im geheimen. Sie legte mich in ein Schilfkästchen, sie verschloß seine Tür mit Pech. Sie setzte mich auf den Fluß, der nicht über mich stieg. Der Fluß hob mich vielmehr empor und brachte mich zu Aqqi, dem Wasserschöpfer. Aqqi, der Wasserschöpfer, holte mich an Land, als er seinen Eimer ins Wasser tauchte. Aqqi, der Wasserschöpfer, nahm mich als Sohn an und zog mich auf" (zit. nach: E. Beck, Gottes Sohn kam in die Welt, Stuttgart 1977, S.44).

[17] Halachá = hebr. Wanderung, Weg; Mídrasch = hebr. Untersuchung, Auslegung.

[18] Vgl. A. Vögtle, Das Evangelium und die Evangelien, Düsseldorf 1971, S. 69f.

[19] Vgl. dazu: Schöpfungswerk in 7 Tagen (Gen 1,1-2,4). Der 7. Tag (Sabbat, Ex 20,10; 23,12) und das 7. Jahr (Sabbatjahr, Ex 23,11) ordnen Zeit, Arbeit und Gottesdienst. Die Siebenzahl beherrscht den Festkalender (Ex 12,15;

Lev 25,4ff.; Dtn 15,1; 1 Kön 8,65), das Ritual (Lev 4,6-17; 2 Kön 5,10) und die Kultgeräte (Ex 25,31 ff.).

20 Vgl. 10 Schöpfungswerke (Gen 1), 10 Plagen (Ex 7,14-12,28), 10 Gebote (Ex 20,2-17).

21 Die hebräische Schrift kennt ursprünglich keine Vokale. Doch wurden schon früh „Vokalbuchstaben“ als Lesehilfen eingeführt. Ab dem 7. Jahrhundert n.Chr. gelangte jene Vokalisation in Gebrauch, die heute in hebräischen Bibelausgaben anzutreffen ist.

22 In V.11 fehlt der König Jojakim; in V.7.8 findet sich statt des Königs Asa ein Asaph – vielleicht eine Verwechslung mit dem Psalmisten Asaph (Ps 73,1; 75,1 u.ö.); in V. 10 steht statt des Königsnamens Amon (1 Chron 3,14) der Name Amos (Verwechslung mit dem Propheten Amos?). In Vv. 7-11 kommt die Zahl 14 nur dadurch zustande, daß aus dem Stammbaum in 1 Chron 3,11.12 drei Glieder ausfallen, nämlich die Könige Ahasja, Joasch und Amazja (vgl. 2 Kön 8,25; 14,1-22). Welche Quelle Matthäus für die Generationenfolge nach dem Exil benutzte, ist bis heute unbekannt.

23 Für die meisten heutigen Exegeten gilt Nazaret als der eigentliche und das nur von den Evangelisten Matthäus und Lukas genannte Betlehem, die „Davidsstadt“, als der „theologische“ Geburtsort Jesu (vgl. Lk 2,4; Mt 2,4-6 mit Joh 7,40-43; Lk 4,24). Denn Jesus gilt überall als der „Mann aus Nazaret“. Auch ist er, soweit wir wissen, in seinem späteren Leben nie nach Betlehem zurückgekehrt, obwohl ihm das anläßlich eines Besuchs in Jerusalem unschwer möglich gewesen wäre (Betlehem liegt 7 km von Jerusalem entfernt). Eine im Lukasevangelium (Lk 2,2) erwähnte Steuerschätzung, die Anlaß für die Reise der Eltern Jesu nach Betlehem gewesen sein soll, hat nach heutiger Quellenlage zur Zeit der Geburt Jesu (ca. 7-4 *vor* der Zeitenwende) nicht stattgefunden. Außerdem war zu dieser Zeit nicht Quirinius römischer Statthalter, sondern Quintilius Varus (6-4 v.Chr.). Quirinius übte diese Tätigkeit erst zwischen 6 und 7 *nach* Chr. aus. Während seiner Statthalterschaft wurde nach der Eingliederung Palästinas in die römische Provinz Syrien (6 n.Chr.) eine Steuerschätzung durchgeführt. Vorher ist sie schwerlich denkbar, weil Herodes rechtlich selbständiger König war.

24 Eine Augustusinschrift, die im Isistempel auf der Nilinsel Philae entdeckt wurde, lautet: „Ihm (Augustus)..., dem Herrscher Europas und Asiens, Stern der gesamten griechischen Welt, der als großer rettender Jupiter aufstieg...“. (zit. nach: E. Stauffer, Jerusalem und Rom. Dalp Tb 331, Bern 1957, S.32). Auch Kaiser Domitian wird in einem Adventsgebet Martials (8,21) als „himmlischer Morgenstern“ bezeichnet (zit. nach: ebd., S.37).

25 im Jahre 4 v.d. Zeitenwende.

26 Die Berechnung hat als erster Johannes Kepler (1571-1630) vorgenommen.

27 Testament Levis XVIII, 2-3 (Apokryphe Schrift; Abfassungszeit umstritten, ca. 2.Jh..v.-1.Jh.n.Chr.); zit. nach: H. Daniel-Rops, Die Apokryphen am Rande des Alten Testaments, Zürich 1959, S.123: „Dann wird der Herr einen neuen Priester erwecken; alle Gottesworte werden in ihm offenbar werden, und viele Tage lang wird er ein Gericht der Wahrheit auf Erden vollziehen.

Und *sein Gestirn wird am Himmel aufsteigen* wie ein König, das Licht seiner Erkenntnis wird leuchten wie die Sonne den Tag erleuchtet, und in der Welt wird er verherrlicht werden bis zu seiner Himmelfahrt."

28 Testament Judas XXXIV, 1-5 (Apokryphe Schrift; Abfassungszeit umstritten, ca. 2.Jh..v.-1.Jh.n.Chr.); zit. nach: H. Daniel-Rops, Die Apokryphen am Rande des Alten Testaments, Zürich 1959, S.128: „Sodann wird für euch *ein Gestirn Jakobs in Frieden aufgehen*; und ein Mann meines Geschlechts wird sich erheben wie die Sonne der Gerechtigkeit und mit allen Menschen Umgang pflegen in Sanftmut und Gerechtigkeit, und man wird keinen Fehler an ihm finden. Und die Himmel werden sich auftun über ihm, um den Geist, die Segnung des heiligen Vaters auszugießen, und er wird den Geist der Gnade über euch ausgießen, und ihr werdet seine Söhne in der Wahrheit sein und nach seinen Geboten leben, den ersten wie den letzten. Dieses ist der Sproß des allerhöchsten Gottes und der Lebensquell für alles Fleisch. Dann wird das Zepter meines Königtums erstrahlen, und aus eurer Wurzel wird ein erlesener Schößling hervorgehen; und aus ihm wird der Stab der Gerechtigkeit für die Heiden erwachsen, um alle zu richten und zu erretten, die den Herrn anrufen."

29 Das Markusevangelium endete ursprünglich mit Mk 16,8 „...Sie fürchteten sich nämlich." Der sog. „kanonische Markusschluß" (Mk 16,9-20) findet sich nicht in den ältesten Textzeugen. Ob dem Matthäus noch ein anderer, bald verlorengegangener Schluß vorgelegen hat, wissen wir nicht.

30 Bill I,311; zit. nach: W. Knörzer, Die Bergpredigt. Biblisches Forum 2, Stuttgart 1968, S.48 („in einigermaßen lesbares Deutsch gebracht"). „Bul" ist ein kanaanitischer Monatsname, der auch im Ersten Testament (1 Kön 6,38) als „8. Monat" des israelitischen Jahres (= November) erwähnt wird.

31 Dtn 17,6; 19,15; Num 35,30.

32 Bill I,313. Ein Anachronismus. Denn gemeint ist Rabbi Aqiba, der erst im 2. Jahrhundert n.Chr. lebte.

33 So die wörtliche Übersetzung von Gen 1,27.

34 Bill I,318.

35 Ich folge hier den Gedanken von U. Luz; in: ders., Das Evangelium nach Matthäus (EKK I/1), Zürich/Neukirchen [3]1992, S.275.

36 bJoma 29a = Bill III, 373; zit. nach: U. Luz, Das Evangelium nach Matthäus (EKK I/1), Zürich/Neukirchen [3]1992, S.265, FN 34.

37 LevR 23 (122b) = Bill III, 373; zit. nach: U. Luz, Das Evangelium nach Matthäus (EKK I/1), Zürich/Neukirchen [3]1992, S.265.

38 R. Pesch, Freie Treue. Die Christen und die Ehescheidung, Freiburg 1971, S.19.

39 Euodios steht in der Bischofsliste von Antiochia an erster Stelle nach Petrus (vgl. Origenes, hom. 6 in Lc.; Eusebios, h.e. III 22). Das deutsche Wort „Bischof" ist ein Lehnwort, abgeleitet vom griechischen epískopos (=Statthalter, Kommunal- und Vereinsbeamter, sowie Aufseher über das Bau- und Münzwesen – je nach dem Zusammenhang). Die Funktion des „Bischofs" in frühchristlicher Zeit bestand darin, das Gemeindeleben „in wachsamer Sorge in den Bahnen des Evangeliums zu leiten" (H. Merklein, Das kirchliche Amt nach dem Epheserbrief, München 1973, S.375). Das erste

Zeugnis für einen Monepiskopat und für ein hierarchisch gestuftes Amt von Bischof, Presbyterium und Diakonen findet sich in den Briefen des Ignatios. Die Möglichkeit einer solch singulären Entwicklung im westlichen Kleinasien (Antiochia, Ephesus, Smyrna) gilt heute als fragwürdig.

40 Gemeint ist hiermit Ignatios von Antiochia. Nach der Überlieferung ist er um 50 in Syrien geboren, war Bischof (nach Euodios?) in Antiochia (vgl. LThK[3] 5, 407ff.) und wurde zur Zeit des Kaisers Trajan (98-117) nach Rom gebracht, wo er spätestens 117 vermutlich im Kolosseum den Martyrertod starb. Ignatios hat sieben Briefe hinterlassen. Die Worte, die ihm im Folgenden in den Mund gelegt werden, sind meist diesen Briefen entnommen. Allerdings ist die Datierung und damit die Echtheit der Ignatios-Briefe umstritten. Einige Forscher nehmen sogar an, daß Ignatios nie existiert habe, sondern daß Markion von Smyrna unter diesem Pseudonym zwischen 165 und 168 die Briefe verfaßte (R. Joly, Le dossier d'Ignace d'Antioche, Brüssel 1979).

41 Ignatios, Eph. 5,1.

42 Ignatios, Magn. 3; Polyc. 4; 7,2.

43 lat. augustus = griech. sebáste = anbetungswürdig.

44 Der Senator und Konsul Flavius Clemens, ein Vetter Domitians, und „viele andere, die jüdischen Sitten zuneigten", wurden im Jahre 96 wegen „Gottlosigkeit" verurteilt und hingerichtet (Cassius Dio 67,14,1-2; zit. nach: K. Baus, Von der Urgemeinde zur frühchristlichen Großkirche, in: H. Jedin [Hg.], Handbuch der Kirchengeschichte, Bd. 1, Freiburg/Basel/Wien 1963, S. 156). Domitilla, die Gattin des Clemens, wurde auf die Pontischen Inseln verbannt. Es ist allerdings fraglich, ob aus dem Atheismus-Vorwurf die Zugehörigkeit zum Christentum oder die Verweigerung bestimmter („göttlicher") Ehrenbezeugungen gegenüber dem Kaiser gefolgert werden darf. Hinrichtungsmotiv könnte auch die von Domitian befürchtete Konkurrenz seitens des Clemens gewesen sein.

45 Ich stütze mich hier auf: K. Berger, Der „brutale" Jesus. Gewaltsames in Wirken und Verkündigung Jesu, in: BiKi 3/1996, S.119-127.

46 Vgl. F.-J. Nocke, Eschatologie. Leitfaden Theologie 6, Düsseldorf 1982, S.152 f.

47 Vgl. O. Fuchs, Gerechtigkeit im Gericht – Ein Versuch, in: Anzeiger für die Seelsorge 11/1995, S.554-561; hier: S.556-558.

48 „Das Existenzminimum einer vierköpfigen Familie auf dem Lande (incl. 'non food'-Artikel und Steuern) ist mit mindestens 250 bis 300 Denaren anzusetzen." (E.W. und W. Stegemann, Urchristliche Sozialgeschichte, Stuttgart/Berlin/Köln 1995, S.83).

49 Vgl. L. Ragaz, Die Gleichnisse Jesu. Seine soziale Botschaft, Stundenbücher 99, Hamburg 1971 (Originalausgabe Zürich 1944), S.62-72.

50 vgl. dazu: H.J.W. Drijvers, Art. „Edessa, II. Das Christentum", in: Lexikon für Theologie und Kirche, Bd. 3, Freiburg/Basel/Rom/Wien [3]1995, Sp. 453f.

51 Nicht selten diente der Mantel auch zum Transport von Teig (Ex 12,34), Gemüse (2 Kön 4,39), Fleisch (Apg 2,12) oder Kostbarkeiten (Ri 8,25).

52 Vgl. dazu: U. Luz, Das Evangelium nach Matthäus (EKK I/2), Zürich/Neukirchen 1990, S.457.

[53] Vorschlag von R. Pesch; zit. nach U. Luz, Das Evangelium nach Matthäus (EKK I/2), Zürich/Neukirchen 1990, S.458.

[54] Ein Dekret, wie es Apg 15,19f. (28f.) erwähnt, kam wohl nicht auf dieser Zusammenkunft zustande, sondern wurde später von Lukas, dem Verfasser der Apg, oder von der Tradition hier eingefügt (vgl.. K.H.Schelkle, Paulus, Darmstadt 1981, S.65).

[55] Ignatios Rom. Inscr.

[56] Ignatios Rom. 3,1.

[57] Vgl. A. Suhl, Ein Konfliktlösungsmodell der Urkirche und seine Geschichte, in: BiKi 2/1990, S.80-86; hier: S.81.

[58] Die lk Darstellung des Jerusalemer Zusammentreffens (Apg 15) suggeriert eine „hierarchische" Lösung der Frage (vgl. A. Suhl, Ein Konfliktlösungsmodell der Urkirche und seine Geschichte, in: BiKi 2/1990, S.80-86; v.a. S.81-83).

[59] Das Wort 'katholisch' für die Gesamtgemeinde der Gläubigen begegnet bei Ignatios zum erstenmal (Smyrn. 8,2).

[60] Vaticanum I, sess IV, Const.dogm. I de Ecclesia Christi „Pastor Aeternus" Canon = DH 3055.

[61] Joma 5,2 (zit. nach: U. Luz, Das Evangelium nach Matthäus (EKK I/2), Zürich/ Neukirchen 1990, S.462, FN 67).

[62] Midrasch Jelammedenu (Jalqut 1 §766) bei Billerbeck, Kommentar I, S. 733; zit. nach: P. Hoffmann, Der Petrus-Primat, in: J. Lange, Das Matthäus-Evangelium. WdF 525, Darmstadt 1980, S.415-440; hier: S.425 und FN 43. Hoffmann vermerkt, daß der Midrasch für 'Fels' das Lehnwort 'ptr' zur Bezeichnung Abrahams verwendet.

[63] Ich verwende hier: B. Jacobs, Nicht einmal die Liebe kann alles in Ordnung bringen, in: Publik-Forum 10/1993, S.28-30.

[64] Vgl. W. Schuller, Frauen in der griechischen und römischen Geschichte. Konstanzer Bibliothek 25, Konstanz 1995, S.14(II).

[65] Zitat aus: B. Jacobs, Nicht einmal die Liebe kann alles in Ordnung bringen, in: Publik-Forum 10/1993, S.28 (Jacobs zitiert hier die Rede eines Abgeordneten im Deutschen Reichstag zum „Gesetz über die Beurkundung des Personenstandes und die Eheschließung" am 25.1.1875).

[66] „Ob man sich gelegentlich dazu entschloß, Kinder auf den Glauben ihrer Familien hin zu taufen, läßt sich wohl fragen, aber vom Neuen Testament her nicht klar beantworten. Man sollte indes die Möglichkeit nicht ganz ausschließen" (H. Leroy, Kennt das Neue Testament die Kindertaufe?, in: W. Kasper (Hg.), Christsein ohne Entscheidung oder Soll die Kirche Kinder taufen?, Mainz 1970, S.69.

[67] Babli Aboda sara 6a; zit. nach: H.G. Kippenberg und G.A. Wewers (Hg.), Textbuch zur neutestamentlichen Zeitgeschichte, GNT 8, Göttingen 1979, S.204.

[68] Vgl. Apg 7,52; Joh 12,40; 8,44; Röm 2,5.

[69] „Die Quellenlage ...läßt vermuten, daß negative Begegnungen zwischen christusgläubigen Gruppen und Diasporasynagogen allenfalls sporadisch stattfanden" (E.W. Stegemann und W. Stegemann, Urchristliche Sozialgeschichte, Stuttgart/Berlin 1995, S.300).

70 „Gottesfürchtige“ sind mehr als Sympathisanten des Judentums. Sie haben sich – aus unterschiedlichen Gründen – der jüdischen Lebensweise angepaßt, sind aber – im Unterschied zu den Proselyten – keine Juden geworden, sondern Nicht-Juden geblieben (vgl. Apg 10,2.22; 13,16.26; 13,50; 16,14; 17,4.17; 18,7). Insgesamt dazu: E.W. Stegemann und W. Stegemann, Urchristliche Sozialgeschichte, Stuttgart/Berlin 1995, S.223f.

71 Vgl. E.W. Stegemann und W. Stegemann, Urchristliche Sozialgeschichte, Stuttgart/Berlin 1995, S.304f.

72 Vgl. Zweites Vatikanisches Konzil, Erklärung über das Verhältnis der Kirche zu den nichtchristlichen Religionen „Nostra aetate“, Art. 5.

73 Vgl. Schalom Ben Chorin, Bruder Jesus, München 1967

74 Vgl. Mt 1,1; 9,27; 12,23; 15,22; vgl. 20,30f. par. 21,9.15. Der Titel ‘Sohn Davids’ fehlt in der Logienquelle. Auch bei Markus spielt er nur eine untergeordnete Rolle. Daraus ist zu schließen, daß Matthäus den Titel bewußt und gezielt als Element seiner erfüllungstheologischen Konzeption einsetzt.

75 Vgl. R.J.Zwi Werblowsky, Das nachbiblische jüdische Messiasverständnis, in: J.Greschat/ F.Mußner u.a., Jesus – Messias?, Heilserwartungen bei Juden und Christen, Regensburg 1982, S.69-88; hier: S.86f.

76 Johannes Paul II. anläßlich seines ersten Besuchs in der römischen Synagoge am 13.4.1986; zit. nach: Hinweise für die richtige Darstellung von Juden und Judentum in der Predigt und in der Katechese der katholischen Kirche (Arbeitshilfen der DBK, 44), Bonn o.J., S.5-11; hier: S. 10.

77 „In voller Anerkennung des heilsgeschichtlichen Unterschieds zwischen den Völkern und Israel, dem Eigentumsvolk Gottes, hat sich ... Jesus mit seinen eigenen und seiner Jünger missionarischen Bemühungen grundsätzlich an Israel und nur an dieses gewandt“: A. Vögtle, Exegetische Erwägungen über das Wissen und Selbstbewußtsein Jesu, in: ders., Das Evangelium und die Evangelien, Düsseldorf 1971, S.296-344; hier: S.302.

78 G. Dalman, Arbeit und Sitte, II,308, nach H.Schmidt, Volkserzählungen I,32; zit. nach: H. Kahlefeld, Gleichnisse und Lehrstücke im Evangelium, Bd. 1, Frankfurt ^{2}1964, S.56.

79 Ich folge hier U. Luz, Das Evangelium nach Matthäus (EKK I/2), Zürich/Neukirchen 1990, S.324f.

80 Nach Luz (a.a.O., S.322) ist es „nicht unmöglich“, daß das Gleichnis von Matthäus stammt und als „Gegengeschichte“ zu Mk 4,26-29 gebildet wurde.

81 U. Luz (a.a.O.), S.325.

82 Ignatios Polyc. 4; 7,2.

83 Mt 10,5f.; 23 zeugen noch von den Kämpfen, die zu dieser Frage in der Gemeinde des Matthäus durchgefochten wurden. Vgl. E. Schweizer, Gemeinde und Gemeindeordnung im Neuen Testament, AThANT 35, Zürich ^{2}1960, S.44-54; zum jüdischen Gesetzesverständnis: P. Hoffmann, Studien zur Frühgeschichte der Jesus-Bewegung, SBAB 17, Stuttgart 1994, S.79-84.

84 Die Phariäser waren eine jüdische Volksbewegung, die etwa am Ende des zweiten Jahrhunderts v.Chr. entstanden ist. Sie stellten kein dogmatisch eng umrissenes Glaubensgebäude her. Es gab nur wenige allgemein anerkannte

Glaubenssätze; innerhalb dieses Rahmens herrschte umfassende Denk- und Lehrfreiheit. Vgl. E.L. Ehrlich, Zur Geschichte der Pharisäer, in: G. Biemer (Hg.), Freiburger Leitlinien zum Lernprozeß Christen Juden, Düsseldorf 1981, S.265-277.

85 Vgl. A. Sand, Das Gesetz und die Propheten. Untersuchungen zur Theologie des Evangeliums nach Matthäus. BU 11; Regensburg 1974, S.76-84.

86 Ebd., S.84-95.

87 Eine verhängnisvolle und folgenschwere Entscheidung, wie wir heute wissen. „Eine Untersuchung der Aussagen über die Pharisäer in den Evangelien und über die in ihnen verarbeiteten Traditionsschichten läßt eindeutig erkennen, daß die Pharisäer zunehmend als die speziellen Gegner Jesu herausgestellt wurden, und zwar im Zusammenhang des zum Teil harten und schwierigen Ablösungsprozesses, der nach Ostern die Kirche und Israel voneinander trennten“ (Die deutschen Bischöfe, „Über das Verhältnis der Kirche zum Judentum“, hgg. v.Sekretariat d.DBK, Bonn 1981, S. 23).

88 Vgl. R. Schnackenburg, Matthäusevangelium 1,1-16,20 (NEB I/2), Würzburg ²1991, S.81.

89 Vgl. U. Luz, Das Evangelium nach Matthäus (EKK I/1), Zürich/Neukirchen ³1992, S.23.

90 Vgl. U. Luz, Das Evangelium nach Matthäus (EKK I/1), Zürich/Neukirchen ³1992, S.27.

91 Vgl. Mk 13,8; Mt 24,7; Lk 21,11; Apk 6,12; 8,5; 11,13.19; 16,18 und G. Bornkamm, Die Sturmstillung im Matthäusevangelium, in: J. Lange, Das Matthäus-Evangelium. (WdF 525), Darmstadt 1980, S.112-118; hier: S.116.

92 „Herr“ dient in der griechischen Übersetzung des Tanach, der Septuaginta, zur Umschreibung des Gottesnamens „Jahwe“, der nach alter jüdischer Tradition nicht ausgesprochen werden durfte. (In der deutschen Einheitsübersetzung ist, dieser Gewohnheit folgend, an allen Stellen des Alten Testaments, in denen der Gottesname „Jahwe“ vorkommt, die Umschreibung mit „Herr“ gewählt.) Sofern in der alten Kirche die hebr. Fassung des Tanach bekannt war (v.a. bei Judenchristen), wurde mit der Anrede Jesu als „Herr“ darum ein Bekenntnis zur Gottheit Jesu assoziiert. Ob das auch bei jenen Christen, die nur die griech. Übersetzung des Tanach kannten (dazu gehörte Matthäus), der Fall war, bleibt unsicher.

93 Nach H.-J. Venetz (Die Bergpredigt, Düsseldorf/Freiburg ²1989, S.27) könnte so die ursprüngliche Fassung der Seligpreisungen gelautet haben. Vgl. auch U. Luz, Das Evangelium nach Matthäus (EKK I/1), Zürich/Neukirchen ³1992, S.201f.

94 Vgl. H.-J. Venetz, Die Bergpredigt, Düsseldorf/Freiburg ²1989, S.35-38.

95 Gemeint ist hiermit das Johannesevangelium. Während bis vor kurzem meist Kleinasien als Entstehungsort genannt wurde, tendieren die Exegeten heute mehrheitlich dahin, daß das Evangelium in einem relativ abgeschlossenen Gebiet in Syrien (vielleicht südlich von Damaskus, so F. Porsch, Johannes-Evangelium [SKK – NT 4], Stuttgart 1988, S.16) in den Jahren zwischen 90 und 100 n.Chr. entstanden ist.

96 F. Porsch, Johannes-Evangelium. (SKK – NT 4), Stuttgart 1988, S.205.

[97] Zur Zeit Jesu besaß allein der römische Präfekt die Vollmacht zu Todesurteilen. Todesurteile durch jüdische Instanzen sind nur für Zeiten bezeugt, in denen die direkte Verwaltung des Landes durch die Römer unterbrochen war. Das war zur Zeit Agrippas I. der Fall, der von 41-44 n.Chr. vorübergehend ganz Palästina regierte (Tötung des Zebedaiden Jakobus: Apg 12,1f.). „Das Synedrion hatte also in der uns interessierenden Zeit (ca. 30 n.Chr.) keine Kompetenz zu Todesurteilen. Es gab ja anders als im Jahr 62 keinen jüdischen König, der in Jerusalem begrenzte Vollmachten hatte" (G. Theißen, Lokalkolorit und Zeitgeschichte in den Evangelien, Freiburg/Göttingen [2]1992, S.203 f.).

[98] Josephus Flavius, Antiquitates 17, 285; zit. nach: W. Stegemann, Die Passion Jesu in Forschung und Unterricht, in: EvErz 1991, S.130-147; hier: S.144.

[99] Sanh 97b; zit. nach: W. Trilling, Christusverkündigung in den synoptischen Evangelien. Biblische Handbibliothek 4, München 1969, S.223.

[100] Vgl. W. Trilling, Die Passion Jesu in der Darstellung der synoptischen Evangelien, in: ders., Vielfalt und Einheit im Neuen Testament, Einsiedeln/Zürich/Köln 1968, S.83-111. Der amtliche Charakter der Passion wird bei Mt betont durch a) exakte Benennung der jerusalemer Oberbehörde des Synedriums (26,3.47; 27,1.3.17.20; 28,11f.), b) das Todesurteil in direkter Rede und amtlicher Form (26,66), c) Verwendung der amtlichen Bezeichnung für Pilatus als „Statthalter" (27,2.11.14.21.27), d) Verwendung des Fachausdrucks für Richterstuhl =„bema" (27,19).

[101] Daß es sich bei Mt 27,24f. nicht um Historie, sondern um matthäische Redaktion handelt, ist heute weitestgehend anerkannt. Vgl. P.Fiedler, Die Passion des Christus, in: L.Oberlinner/ P.Fiedler (Hg.), Salz der Erde – Licht der Welt. Exegetische Beiträge zum Matthäusevangelium. FS für A.Vögtle zum 80.Geburtstag, Stuttgart 1991, S.299-319, und J.Gnilka, Das Matthäusevangelium, (HThK I,2), Freiburg/Basel/Wien 1986/1988, S.462: „Die starke biblische Prägung dieses Textes... spricht dafür, daß wir es mit einer *wertenden Reflexion* zu tun haben, mit einer *in Szene gesetzten dogmatischen Aussage*" (Hervorhebung von mir).

[102] Der Heide Pilatus wird „fast als einer der Frommen und Reinen der Bibel dargestellt" (L. Baeck, Das Evangelium als Urkunde der jüdischen Glaubensgeschichte, in: ders., Paulus, die Pharisäer und das Neue Testament, Frankfurt 1961, S.145).

[103] In der deutschen Einheitsübersetzung steht hier: „...wusch sich vor allen *Leuten...*"

[104] Vgl. G. Theißen, Antijudaismus im Neuen Testament, in: J. Thierfelder/ W. Wölfing (Hg.), Für ein neues Miteinander von Juden und Christen. Schriftenreihe der Päd. Hochschule Heidelberg 27, Weinheim 1996, S.77-97; hier: S. 93. Vgl. auch H. Gollinger, Heil für die Heiden – Unheil für die Juden? Anmerkungen zu einem alten Problem mit dem Matthäusevangelium, in: M.Marcus/ E.W.Stegemann/ E. Zenger, Israel und die Kirche. Beiträge zum christlich-jüdischen Dialog, Freiburg/ Basel/ Wien 1991, S.201-211.

[105] Josephus Flavius, Bellum Judaicum 5,412ff.; zit. nach: G. Theißen, Antiju-

daismus im Neuen Testament, in: J. Thierfelder/ W. Wölfing (Hg.), Für ein neues Miteinander von Juden und Christen. Schriftenreihe der Päd. Hochschule Heidelberg 27, Weinheim 1996, S.77-97; hier: S. 93.

106 Vgl. M. Limbeck, Matthäus-Evangelium (SKK – NT 1), Stuttgart 1986, S.295.

107 Vgl. H. Gollinger, „...und diese Lehre verbreitete sich bei Juden bis heute", in: L. Oberlinner/P. Fiedler (Hg.), Salz der Erde – Licht der Welt, Stuttgart 1991, S.357-373; hier: S.369f.. Gollinger weist darauf hin, daß „in allen gängigen deutschen, englischen und französischen Übersetzungen und Kommentaren in seltener Einmütigkeit" der Tatbestand ignoriert werde, daß „Juden" (Mt 28,15) im griechischen Urtext ohne Artikel steht. Vgl. U. Luz: „Das Matthäusevangelium schildert, wie aus Israel 'die Juden' werden" (Das Evangelium nach Matthäus [EKK I/1], Zürich/Neukirchen [3]1992, S.67).

108 Vgl. E. Drewermann, Das Matthäusevangelium, 1. Teil: Bilder der Erfüllung, Olten 1992. Dagegen: K.S. Krieger, Matthäus als Antisemit? Kritische Anmerkungen eines Exegeten, in: Publik-Forum 20/1992, S. 36f.

109 Die vatikanischen „Richtlinien für die Durchführung der Konzilserklärung 'Nostra aetate', Nr. 4" verlangen von den Verantwortlichen für die zum liturgischen Gebrauch bestimmte Übersetzung, „ihre besondere Aufmerksamkeit darauf (zu) richten, auf welche Weise einzelne Ausdrücke und ganze Abschnitte, die von ungenügend unterrichteten Christen tendenziös mißverstanden werden könnten, wiederzugeben sind." Ausdrücklich wird z.B. angeregt, den „Ausdruck 'die Juden' im Johannesevangelium" je nach Kontext mit „die Führer der Juden" oder „die Feinde Jesu" wiederzugeben.

110 Ich folge hier: K. Herbst, Der wirkliche Jesus. Das total andere Gottesbild, Olten/Freiburg 1988, S. 227-254.

111 Möglicherweise ist hier an Halluzinationen zu denken. Bis in die Gegenwart hinein wurde der Begriff „Halluzination" meist pathologisch verstanden. Für die neuere Psychologie sind Halluzinationen Erlebnisse, die nicht von einem äußeren Sinnesreiz hervorgerufen werden und dennoch den Realitätscharakter und die Intensität von Sinneswahrnehmungen haben. Das geschieht durch einen veränderten Bewußtseinszustand oder genauer durch eine „Veränderung der Ich-Aktivität" (Chr. Scharfetter): Das Gefühl, man sei selber der Initiator seiner Vorstellungen, Gedanken und Gefühle, ist so eingeschränkt, daß man mehr oder weniger unabweisbar den Eindruck hat, das, was man erlebt, komme von selbst und von außen oder von einem anderen Wesen. Nach E. Hilgard handelt es sich dabei um eine „parallele Informationsverarbeitung": Das zentrale Gesamtbewußtsein schränkt seine gewöhnliche Ich-Aktivität und Realitätsprüfung ein und läßt ein Subsystem der Psyche eigenständig und dissoziiert Informationen verarbeiten, nachdenken oder Ziele verfolgen. So lassen sich Visionen, Auditionen oder Halluzinationen als dissoziative Weisen einer Bewußtwerdung und Verarbeitung von Gefühlen und Gedanken auffassen. Sie variieren sowohl nach der emotionalen Situation als auch nach dem weltanschaulichen Bezugsrahmen des Betreffenden (vgl. B. Grom, Visionen und Auditionen, in: zur debatte. Themen der Katholischen Akademie in Bayern 7/8-1997,9f.).

[112] Vgl. E. Schillebeeckx, Jesus, die Geschichte von einem Lebenden, Freiburg/Basel/Wien [3]1975, S.292-296.

[113] Vgl. E. Schillebeeckx, Jesus, die Geschichte von einem Lebenden, Freiburg/Basel/Wien [3]1975, S.340-346.

[114] Der griechische Gruß „Seid gegrüßt" hat einen Anklang an Freude (vgl. Mt 5,17; 18,11).

[115] Vgl. E. Schweizer, Das Evangelium nach Markus (NTD 1), Göttingen 1967, S.185-190.

[116] Erstaunlicherweise berichtet Lukas von keinem Todesurteil der Juden, obwohl er sonst die jüdische Schuld sehr hervorhebt und die Römer entschuldigt (vgl. Lk 22-23).

[117] Johannes hat das getan; vgl. Joh 18,12-16. 19-24.

[118] Zum Thema Weisheit gibt es eine ganze Bibliothek in den Schriften des Alten Testaments: Spr, Ijob,Weis, Sir, Weisheitspsalmen (z.B. Ps 1; 37; 49; 73; 78; 91; 105; 106; 112).

[119] Vgl. Lk 21,15. Jesus erscheint als „Spender der Weisheit": „Ich will euch die Worte und die Weisheit eingeben, so daß alle eure Gegner nicht dagegen ankommen und nichts dagegen sagen können."

[120] D. Zeller, Kommentar zur Logienquelle (SKK – NT 21), Stuttgart 1984, S.55.

[121] Vgl. Katechismus der katholischen Kirche, München u.a.1993, Nr. 442. 443. 454 (unter Berufung auf Mt 16,16f. – Joh 1,14.18; 3,16.18 – Joh 1,1 – Apg 8,37; 1 Joh 2,23).

[122] Vgl. Katechismus der katholischen Kirche, München u.a. 1993, Nr. 479-481. Die hier vorgestellte Antwort des Ignatios stellt einen Anachronismus dar, weil die entsprechenden christologischen Formulierungen erst von Konzilien im 4. und 5. Jahrhundert geprägt wurden. Sie werden dennoch hier zitiert, um deutlich zu machen, daß das christologische Dogma sich nicht einfach auf das Neue Testament berufen kann, sondern eine Entfaltung (und Überhöhung) neutestamentlicher Texte darstellt, die erst unter dem Einfluß griechischen Denkens und unter Zuhilfenahme von Begriffen griechischer Philosophie erfolgen konnte (vgl. P. Hoffmann, Zur Problematik der christologischen Karriere des Jesus von Nazareth, in: ders., Studien zur Frühgeschichte der Jesus-Bewegung [SBS 17], Stuttgart 1994, S.257-272).

[123] Vgl. zum folgenden: B.van Iersel, „Sohn Gottes" im Neuen Testament, in: Concilium 1982, S.182-193.

[124] Vgl. J. Blank, Jesus von Nazareth. Geschichte und Relevanz, Freiburg/Basel/Wien 1972, S.86. „Man wird sich den Werdegang der 'Sohn-Gottes-Prädikation' ...so vorstellen müssen, daß zunächst das Auferstehungsgeschehen der theologische Ausgangspunkt gewesen ist und als solcher immer verstanden wurde. Im Zuge einer Rückbesinnung und Einbeziehung der Vita Jesu wurde dann auch die ganze Tätigkeit Jesu unter dieses Prädikat und unter seinen Anspruch gestellt. So lag es nahe, bis zur Taufe Jesu, die Anfang der öffentlichen Tätigkeit ist, zurückzugehen, und von dort aus, in dem Maße, wie man die Kindheit einbezog, auch auf den Anfang des irdischen Lebens in der Geburt zurückzublicken." (J. Ernst, Anfänge der Christologie [SBS 57], Stuttgart 1972, S.24f.).

[125] Vgl. E. Käsemann, Kritische Analyse von Phil 2,5-1, in: ZThK 1950, S.313-360. Wiederabdruck in: ders., ExegetischeVersuche und Besinnungen. Bd. 1, Göttingen 1964, S.51-95.

[126] Die Berufung auf das Johannesevangelium stellt einen Anachronismus dar. Um einer in aller gebotenen Kürze möglichst umfassenden Darstellung der Problematik des Sohn-Gottes-Titels im NT willen, wird das aber in Kauf genommen, zumal es nicht völlig auszuschließen ist, daß einzelne Abschnitte des zwischen 90 und 100 entstandenen Evangeliums schon vor ihrer schriftlichen Fixierung mündlich oder als Aphorismus tradiert wurden.

[127] Matthäus hat Dan 7 bewußt für die Gestaltung der Menschensohnworte in seinem Evangelium verwendet: in Mt 24,30 und 26,64 hat er den ihm vorliegenden Markustext an Dan 7,13 angeglichen.

[128] Äthiop. Henoch 46,1-6; 48,2-3; 61; 62,2-15.

[129] Mt 10,32f. identifiziert Jesus mit dem Menschensohn: „Jeder, der sich zu mir bekennt vor den Menschen, zu dem werde auch *ich mich* bekennen vor meinem Vater in den Himmeln." Bei Mk 8,38 heißt es: „Wer sich vor dieser treulosen und sündigen Generation *meiner und meiner Worte* schämt, dessen wird sich auch der Menschensohn schämen, wenn er mit den heiligen Engeln in der Hoheit seines Vaters kommt." Ähnlich Lk 12,8f.: „Jeder, der sich zu mir bekennt vor den Menschen, zu dem wird sich auch *der Menschensohn* bekennen vor den Engeln Gotttes." Heute wird allgemein angenommen, daß die Lukasfassung, die zwischen Jesus und dem Menschensohn unterscheidet, die ursprünglichere ist. Man geht davon aus, daß keine spätere Gemeindetheologie diese ungewöhnliche Unterscheidung zwischen Jesus und dem zukünftigen Menschensohn in einen Text eingetragen hätte (J. Ernst, Anfänge der Christologie [SBS 57], Stuttgart 1972, S. 45f.).

[130] „Diese Identifikation muß schon sehr früh stattgefunden haben" (D. Zeller, Kommentar zur Logienquelle [SKK – NT 21], Stuttgart 1984, S. 77).

[131] Die dreigliedrige Taufformel ist nach dem Zeugnis der Didaché (entstanden um 100 n.Chr.) offenbar zuerst in der syrischen Kirche praktiziert worden: die Taufe wurde in „lebendigem" (=fließendem) Wasser oder durch dreimaliges Übergießen von Wasser auf den Kopf „im Namen des Vaters und des Sohnes und des heiligen Geistes" gespendet (vgl. Did 7,1-3). Die älteste Taufformel lautete nur „auf den Namen Jesu Christi" (vgl. 1 Kor 1,13; Gal 3,27; Apg 2,38).

[132] In frühchristlicher Zeit handelte es sich „beim Herrenmahl um ein wirkliches Essen und Trinken, dem auch, und zwar wesentlich, das Ziel der Sättigung innewohnte" (P. Neuenzeit, Das Herrenmahl, StANT 1, München 1960, S.73).

[133] Die jüdischen Speisegesetze verbieten den Genuß von Blut und von Milchspeisen im Anschluß an Fleischspeisen. Dem Fleisch muß in einem etwas aufwendigen und zeitraubenden Verfahren das Blut entzogen werden.

[134] „Βιβλος γενεσεως..." „Biblos" heißt in jüdischen und griechischen Belegen „Buch", kann aber auch die Bedeutung von „Schriftstück", „Dokument", „Urkunde" haben. Unklar ist, ob sich die Überschrift auf das ganze Evangelium oder nur auf den unmittelbar folgenden Stammbaum (Mt 1,2-17) bezieht.

[135] Der Text folgt hier der Didaché (Lehre der zwölf Apostel), dem ältesten uns erhaltenen Dokument einer Eucharistiefeier. Die Schrift ist wahrscheinlich um 100 n.Chr. in Syrien entstanden. G. Theißen (Lokalkolorit und Zeitgeschichte in den Evangelien, Freiburg-CH/Göttingen [2]1992, S.262f.) fragt sogar, ob „man das MtEv nicht auch sozial und lokal näher an die Didaché heranrücken muß, d.h. ins syrische Binnenland." Es könnte also durchaus möglich sein, daß der Text der Gemeinde in Antiochia bekannt war und daß er dort verwendet wurde. Ich zitiere ihn nach: J.A. Jungmann, Missarum Solemnia. Eine genetische Erklärung der römischen Messe, Bd. 1, Freiburg [3]1952, S.15f..

[136] Aramäisch: „Unser Herr, komm!" oder: „Unser Herr kommt."

[137] „All is contextual, even the theologians who do not want to be contextual but absolute and universal" (O. Fuchs, The challenge of contextuality in Europ: destructing exclusive theologies, in: Bulletin ET. Zeitschrift für Theologie in Europa 2/1996, S.162-184; hier: S.164).